The Gimmick Series

Gimmick I
Français Parlé

formerly titled *Le Gimmick: Français Parlé*

by Adrienne

W · W · NORTON & COMPANY

New York · London

Library of Congress Cataloging in Publication Data

Adrienne.
  Gimmick I :   français parlé.

  "Adapted from the French edition (Flammarion, 1971)."
  English and French; pref. in English.
  1.   French language—Spoken French.   2.   French language
—Conversation and phrase books.   I.   Title.   Gimmick I.
français parlé.
PC2121.A16 1977   448.3′4′21   77-6786
ISBN 0-393-04438-6
ISBN 0-393-04474-2 (pbk)

Printed in the United States of America
              6 7 8 9 0

CONTENTS

Preface — What is the Gimmick?	IV
Verbs	1
Vocabulary	22
Idioms	97
Some business terms	151
100 typical mistakes	157
Adverbs and phrases	169
Words and expressions 'Not to say'	175

PREFACE

WHAT IS THE GIMMICK?

An international vocabulary learning method

Perhaps I should begin with what the Gimmick is not. It is not a serious scholarly book. It *is* the answer to your problems in speaking and understanding French — a method of acquiring an international vocabulary. There is a basic vocabulary of words and expressions which is the same in any language. If I go abroad tomorrow, I shall want to use just such material as is found in the French, German and Spanish Gimmicks. Wherever I am, I need to be able to say: 'in jail', 'it's now or never', 'he drinks like a fish', 'a cop', etc. The Gimmicks are expressly designed to supply exactly these essentials, and an internationally valid method of learning them — hence, their great success in every country in which they have appeared.

Programmed French

This method depends on the arrangement of the material in progressive order of difficulty, and on the grouping of words, for it has been proved that it is far easier to learn three, four or five associated words at once than to learn them singly. So, I have grouped words which logically go together, including among them colloquial-slang expressions which are the vital element in natural everyday speech. It is up to you which word you prefer to use, and all are important for comprehension, but if you want to speak the language 'like a native', I suggest you concentrate on the colloquial usage, which is marked by *.

Learning a language as it is actually spoken is of the utmost importance in the modern language scene. Once it used to be enough to know a few elementary sentences to enable you to get by in a simple exchange with a shop-keeper or hotelier, but nowadays more and more people from both Britain and America are finding themselves in social situations when they go abroad. Their vocabulary is just not adequate. They are entirely at sea when it comes to conversing in the 'relaxed' idiom of the country. The dictionaries can't help them, seldom being up-to-date and always ignoring in their formal approach the dynamics that make a modern language 'tick'. An executive can more or less cope in business meetings limited to the technical language of his subject, but flounders helplessly in the simplest social context 'after hours'. Several years of academic study of French will have resulted in his speaking the language only 'too well': to native speakers he will sound much too stiff, too yesterday, and much of what they say will pass him by.

The solution is simple: make good use of the Gimmicks, which can serve as exercise books (with or without a teacher), class books or reference books, and are intended for students of intermediate level with a vocabulary range of 5 000 + words.

For the student
When using this book to teach yourself, choose your own pace, but stick to it till you reach the end — 50+ new words and phrases a week is a suitable amount. I have omitted all heavy grammatical explanations to give an informal, relaxed approach. The * indicates only that the word or expression is colloquial or slangy, the really colourful ones are grouped at the back of the book in a special section. As I have mentioned this book is intended for students of intermediate level, and the fact that you may initially find it hard going just indicates how antiquated the present system of language teaching is. Don't be discouraged, fluency will rapidly come if you persist, simply because what you are learning is what you need to *use* and to *understand*. Students sometimes think their failure to understand the spoken language occurs because the French speak 'too quickly'. My answer is that a French girl can say 'il m'a posé un lapin' as slowly as you like, but if you don't know the idiomatic meaning (he stood me up), you will never understand. The Gimmicks are an organized approach to this problem of vocabulary, both in speaking and understanding.

For teachers

A written test should be given after every four pages, and supplementary exercises: dictation, debates, scene-playing, summaries of newspaper articles, etc., are indispensable. Beginners learn quickly, because they start from zero, with everything ahead of them. For more advanced students at intermediate level, the problem is different. Their progress is difficult both for the teacher and for themselves to assess, and they need to make a concentrated effort to increase their scope along the right lines. It is easy to lose sight of the basic fact that not all new words and expressions are of equal value to them. There must be a structured framework to allow them to increase their vocabulary usefully from whatever level they have reached. For beginners, the first words they learn will always include 'table', 'chaise', 'homme' and so on, but there are priorities at more skilled levels which are just as important. I have broken down the French language to allow students to continue in a similar logical progression from a more advanced stage, and so provide the same satisfaction in their improving vocabulary which so pleases beginners. The Gimmicks are the first books to offer such vocabulary programming.

The psychology of a people is reflected in the vitality of its language, and the Gimmicks attempt to capture just that for the student, the teacher and the translator.

VERBS

The key to any sentence is its verb, which is why an
exercise in the most common verbs in daily use — for
which it is often difficult to think of the exact equivalent
in another language — comes at the beginning of this
book.

An asterisk (*) denotes colloquial (a double asterisk (**)
emphatically colloquial) usage; a stroke (/), an alternative
meaning; and a crossed stroke (≠), an opposite-associated
meaning.

Abbreviations used in the English section are: o.s =
oneself, s.o. = someone, stg. something; and in the French
qch. = quelque chose, qn. = quelqu'un.

VERBES

1. a. to call up

téléphoner/*passer un coup de fil/*bigophoner

   b. we were cut off

on nous a coupé

   c. hang up ! ≠ pick up !

raccrochez! ≠ décrochez!

   d. hold on ! hold the line !

ne quittez pas!

   e. on behalf of . . .

de la part de . . .

2. a. things are looking up/
picking up

les choses vont mieux/remontent la pente/reprennent le dessus/s'améliorent/je suis dans une période faste (≠ néfaste)

   b. to go wrong/something's gone wrong

≠ les choses vont mal/tout va/marche mal/de travers

   c. to fall through (plans)

échouer/ne pas marcher/*foirer/*rater/*se casser la gueule

   d. to be wiped out/cleaned out

être détruit par/balayé par

   e. to run into opposition (problems)

rencontrer de l'opposition/* tomber sur un os

3. I'm fed up/sick of . . ./I've had it

*j'en ai marre/*assez/*plein le dos/*ras le bol/*par-dessus la tête/*plein les bottes/*soupé/*ma claque/assez vu/je suis à bout

4. to borrow from ≠ lend

emprunter à ≠ prêter

5. to be about to/on the verge of

être sur le point de/à deux doigts de

6. a. he's worn out/run down/beat

il n' en peut plus/il est à bout/*claqué/*au bout du rouleau/*vidé/ereinté/*crevé/*vanné/fourbu/usé/*rapalapla

   b. to knock oneself out

se fatiguer à/se tuer à

   c. to look (be) run down

être en mauvais état/avoir mauvaise mine (people)

7. a. to confide in

se fier à/faire confiance

   b. to believe in

croire en/avoir foi en

   c. to be wary of/leery of

≠ se méfier de/se tenir sur ses gardes/se douter de

VERBS

1. a. to put off (meeting, etc.)	remettre/différer/décaler
b. to call off (class etc.)	annuler/décommander
c. to procrastinate	remettre les choses à demain/atermoyer/repousser/éluder une question/to stall = gagner du temps
2. a. to be willing to	consentir à/vouloir bien
b. to be inclined to	être enclin à/pencher pour/tendre à/être disposé à
c. to feel like	avoir envie de
d. interested in	interessé par/passionné par
e. I go for (an idea/suggestion, etc.)	je suis pour/c'est une bonne idée/cela me plait/j'en suis
f. to suit (to a tee)	convenir
g. to look forward to	se réjouir de/attendre avec impatience/faire grand plaisir
h. ≠ I don't go for it/no dice/ count me out/no way/no go	≠ cela ne me dit rien/je ne marche pas/*ca ne gaze pas/je *ne suis pas chaud/partant/*ca ne colle pas
i. to be dead set against	être absolument opposé à/formellement contre/refuser à tout prix
j. it put me off/turned me off	cela m'a rebuté/repoussé/refroidi/*tout coupé/défrisé
3. a. to abide by	se plier à/suivre/se conformer à/s'en tenir à/obtempérer
b. to agree with	être d'accord avec
4. a. to look over/check over	vérifier/examiner
b. to go over stg.	revoir/vérifier/réviser/faire le point/le tour d'horizon/survoler/repasser
c. to make sure	vérifier/s'assurer
d. do it over !	refaites-le!
5. to put off/out (light)	éteindre/fermer (lumière)
6. to get on (bus)	monter dans
7. to point out	montrer du doigt/signaler/désigner

3

VERBES

1. a. time is up/over	c'est l'heure
b. to keep good time	être toujours à l'heure
2. a. to blow money	*claquer de l'argent
b. to run up bills	contracter des dettes/faire des ardoises/ s'endetter
c. to run through money	tout dépenser
d. to waste	gaspiller
e. to be broke/down and out/ be on one's uppers	*être fauché/sans un sou/*un radis/*un rotin/ tirer le diable par la queue/être sur le pavé/ *raide
f. ≠ to make money	≠ gagner de l'argent/*se faire du fric
g. to make a fortune/a killing	faire fortune/*son beurre/*sa pelote/ses choux gras/mon argent a fait des petits
h. not to be in want, short of money	ne pas être dans le besoin
i. to come into money	hériter/faire un héritage
j. to put money away	économiser/*mettre à gauche
3. a. to look for	chercher/rechercher
b. to find out	se renseigner/découvrir/s'informer de
4. a. to take off (clothes)	enlever/retirer (habits)
b. ≠ to try on (clothing)	≠ essayer/passer (vêtement)
c. to have on	porter sur soi
d. to be spruced up/dressed up	être tiré à quatre épingles/sur son trente et un/ endimanché
5. a. to take off (plane) ≠ to land	décoller ≠ atterrir
b. coming from	en provenance de
c. to stop off at	faire escale à
d. to be bound for/to/headed for	aller/être en partance pour/avoir comme destination/se diriger vers
e. to put on the stand-by list	mettre sur la liste d'attente

VERBS

1. a. to go out/away	sortir/s'en aller
b. to make a trip	faire un voyage
c. to see s.o. off	voir partir qn./accompagner
d. to set out	se mettre en route/s'acheminer
2. a. to be in charge of	être responsable de/être en charge de/avoir la responsabilité de
b. I'll take care of it	je m'en occuperai/j'en prendrai soin/je m'en chargerai/j'en ferai mon affaire/je ferai le nécessaire/je m'y consacrerai
c. to carry stg. out	exécuter qch./mettre à exécution
d. to make a point of	s'assurer de faire qch./s'engager/faire en sorte que/ne pas manquer de/veiller à/se faire un devoir de/mettre un point d'honneur à
e. to intend to	avoir l'intention de
f. to manage/swing, etc.	se débrouiller/se défendre
g. to fend for oneself	se débrouiller/voler de ses propres ailes/*se dépatouiller
3. a. they're in/aren't in	ils y sont ≠ n'y sont pas
b. to stay in (not go out)	rester à la maison
c. to stay up late	veiller (tard)
4. a. to win hands down	gagner haut la main
b. to lick the pants off s.o.	battre à plate couture
5. to pick out	choisir/selectionner/trier
6. a. he doesn't have a leg to stand on/it's groundless	ce n'est pas fondé/cela ne tient pas debout/il n'y a pas de preuve suffisante
b. it doesn't make sense	cela n'a pas de sens/ce n'est pas logique/ça ne rime à rien/ça ne tient pas
c. that has nothing to do with it	cela n'a rien à voir
d. there is a tie-in	il y a une relation/un rapport/un lien avec
7. to wait on s.o.	servir/aider (magasin, restaurant, etc.)

VERBES

1. a. to take part in	participer à/prendre part à/partie de
b. to take place	avoir lieu/se dérouler
2. to turn on/go for/attack	attaquer/agresser/assaillir
3. get out!/get lost!	sortez!/*partez!/*fichez!/*foutez-moi le camp!
4. a. think it over!	pensez-y!/réfléchissez-y!
b. to chew stg. over	ruminer qch.
c. let's talk it over	discutons-en!
5. a. to straighten out/put away	ranger/remettre à sa place/arranger
b. ≠ to make a mess	≠ mettre la pagaille/*ficher tout en l'air
6. look out!/watch out!	prenez garde!/faites attention!/*faites gaffe!
7. a. I can't get over it	je n'en reviens pas/n'arrive pas à y croire
b. to be taken aback/flabbergasted	avoir le souffle coupé/être surpris/choqué/estomaqué/soufflé/saisi/avoir les bras et les jambes coupés
8. a. to keep on	continuer à/poursuivre
b. to keep the pace up	garder le rythme/la cadence
9. a. what are you driving at?/aiming at?/hinting at?	où voulez-vous en venir? /quel but visez-vous? /je vous vois venir = see it coming
b. what do you mean?	qu'est-ce que vous voulez dire? /qu'entendez-vous par là?
c. did I make myself plain?	est-ce que je me suis bien expliqué?
10. a. to wrap up	emballer/envelopper/faire un paquet
b. to undo	défaire
11. to break down	tomber en panne
12. a. to give up	abandonner/renoncer/laisser tomber
b. to drop out	quitter/abandonner/se désister (election)
13. to move out ≠ move in	déménager ≠ emménager
14. to feel sorry for	avoir pitié/de s'apitoyer sur
15. a. to be kept back/fall behind	être handicapé/prendre du retard
b. to make up (work)	rattraper du retard/le temps perdu/se mettre à jour
c. to make progress	faire des progrès/progresser

VERBS

1. a. **it's up to you/it depends on you**

    cela dépend de vous/c'est à vous de décider/ c'est comme vous voulez

    b. **we're counting on you/ banking on**

    on compte sur vous/tabler

    c. **to expect**

    s'attendre à

2. a. **to come up (agenda, etc)**

    venir à l'ordre du jour

    b. **to bring up stg.**

    mettre sur le tapis

    c. **to put an idea across**

    faire accepter une idée

3. a. **keep track of it!**

    gardez-en la trace!

    b. **take this down!**

    prenez-en note!

4. a. **to figure out/get the hang of/to twig**

    déchiffrer/comprendre/saisir/*piger

    b. **≠ to mix stg. up**

    ≠ confondre/mélanger/*paumer

    c. **to be puzzled by**

    être intrigué par/ne pas comprendre/*perdre le fil

    d. **to account for**

    expliquer

    e. **to have no inkling of**

    ne pas avoir idée de/ne pas soupçonner

5. a. **leave it out!/skip it!**

    omettez-le!/sautez-le/ôtez-le!/éliminez-le!

    b. **cross it out!**

    barrez-le!/rayez-le!/biffez-le!

    c. **fill it in!**

    remplissez-le!

6. a. **to cut down on**

    réduire (dépenses, etc.)

    b. **to cut out**

    arrêter/supprimer

7. a. **to take a look at**

    jeter un coup d'œil sur

    b. **to wink**

    faire un clin d'œil

8. a. **it finally dawned on me**

    j'ai enfin compris que

    b. **catch on?**

    tu piges? /saisis? /tu y es?

    c. **≠ it doesn't sink in**

    ≠ cela ne rentre pas

VERBES

1. a. to call on/visit s.o.	rendre visite/aller voir
b. to drop in/come over/pass by	visiter à l'improviste/passer voir qn./venir
c. to call for s.o.	passer prendre qn.
d. to pick up s.o.	passer prendre/ramasser/venir chercher/aller chercher
2. a. to take advantage of stg.	profiter de/tirer parti de qch.
b. to make the best of things	tirer le meilleur parti de/arranger les choses
c. she takes advantage . . .	elle profite/abuse de . . .
3. to take up (law, etc.)	voir la question/étudier qch./entreprendre qch.
4. a. to take after	tenir de qn./ressembler à qn.
b. to tell apart	distinguer
c. to be related to	être apparenté à/de la famille de
d. it runs in the family	c'est de famille
5. a. I've run out/I'm short of	j'en manque/je suis à court de/je n'en ai plus
b. to use up	consommer/user
6. to be run over	être écrasé
7. a. to be done away with	abolir/(être aboli)/supprimer/faire cesser
b. to hold good	rester valable
8. a. to have time off	avoir du temps libre
b. to be swamped with/ flooded with (work)	être débordé/submergé/avoir un boulot monstre
c. ≠ to goof off, twiddle one's thumbs	≠ *ne rien fiche/*foutre/*ne pas en faire une rame/*se tourner les pouces/il n'en fait pas une/ il ne se donne pas de mal
d. to get through/finish	achever/terminer/arriver au bout finir
e. to knock off (work)	liquider/mettre fin à/donner le dernier coup
f. to work/toil/drudge/go at it	bûcher/bosser/trimer/cravacher/boulonner/être un bûcheur/s'accrocher/être tenace/travailler/se démener/se décarcasser
g. to keep one's hand in	ne pas se rouiller/s'entretenir
h. to take pains to/with	se donner du mal/un mal de chien

VERBS

1. a. to make up (they made up . . .)
se réconcilier/faire la paix/se raccorder

   b. ≠ to have a run-in/a falling-out/to have it out
≠ se brouiller avec qn./avoir une brouille/une querelle/une dispute/vider son sac/s'engueuler avec qn./s'expliquer/se fâcher/se froisser/se disputer

   c. to dish it out
faire une sortie/dire de toutes les couleurs

   d. to be mad at/let s.o. have it
passer un savon à qn./taper sur les doigts/engueuler qn.

   e. to tell s.o. off/to tell s.o. a few home truths
dire ses quatre vérités à qn./faire la fête à qn.

   f. to get one's Irish up/one's back up
se mettre en colère/monter/se cabrer/braquer/prendre la mouche

   g. a showdown
une confrontation/la phase finale

   h. he took it out on her
il a passé sa colère sur elle/il s'est défoulé sur elle/il a passé sa hargne sur elle

   i. to get on well/we get on well
s'entendre/nous nous entendons bien

   j. we hit it off
nous avons sympathisé tout de suite/nous nous sommes vite liés (en amitié)

   k. I took to him
il m'a tout de suite plu/m'a tapé dans l'œil

2. a. I must take off/get going/beat it/split
je me sauve/prends la clé des champs/je file/*je prends le large/*je me tire/*me barre/*mets les voiles/*me casse/*mets les bouts

   b. ≠ to go slow/at a snail's pace
≠ être lambin/mollasse/mou

3. a. to run into s.o./come across s.o.
rencontrer qn. par hasard/tomber sur qn./se trouver nez à nez avec qn./croiser qn.

   b. to bump into
se rentrer dedans

4. what would you care for?
qu'est-ce qui vous ferait plaisir? /qu'est-ce que vous désirez? /voulez?

VERBES

1. shut up!/hush up!	*taisez-vous! /*fermez-la! /*écrase! /*mets-la en veilleuse! /*en sourdine!
2. to build up (arms)	se fortifier/s'affermir/s'armer
3. a. to be down/blue/low	ne pas avoir de courage/avoir le bourdon/ mouron/être cafardeux/broyer du noir/ne pas avoir le moral
b. ≠ it will cheer you up	≠ cela vous remontera le moral
c. ≠ it's a pick-me-up	≠ cela me remonte/c'est un bon remontant/ un stimulant
d. not to feel up to	ne pas avoir le goût de/le moral/la santé de faire qch.
e. to put a damper on	décourager/jeter un froid´
4. to stand up for s.o./to back s.o. up	prendre le parti de/soutenir/épauler/appuyer/ apporter de l'eau au moulin
5. a. cut them out!	découpez-les!
b. tear it up!	déchirez-le!
6. to provide for	pourvoir à/subvenir à/assurer/entretenir (keep)
7. a. we'll settle up later	nous réglerons cela plus tard
b. we'll settle that later	nous trancherons cela plus tard/faire la part des choses = sort things out
c. to settle	boucler
8. a. his number's up/he's done for/he's had it	son compte est bon/*il est fait comme un rat/ son affaire est faite/*il est cuit/*il est fichu/ *il est refait/*il est grillé
b. you won't get away with it	vous ne vous en sortirez pas/vous n'y couperez pas/vous ne vous en tirerez pas/vous n'y échapperez pas
c. to see no way out	ne pas avoir d'issue/ne pas savoir de quel côté se tourner
d. ≠ to pull through	≠ s'en sortir/survivre/tenir

10

VERBS

1. a. to find fault with

faire des réflexions/remarques/critiques/ trouver à redire

b. to run s.o. down/to down s.o./ to tear s.o. to pieces

médire/dénigrer/dire du mal/*casser du sucre sur le dos de qn./mettre en pièces/réduire en miettes/déchirer à belles dents

c. ≠ to butter up s.o./lay it on/ give s.o. a line = baratiner

≠ flatter/faire du charme/*passer de la pommade/*lécher les bottes/*faire de la lèche/ passer la main dans le dos/conter fleurette/ *fayoter/*faire le fayot/faire du zèle

2. a. to close down/up

fermer les portes/boutique

b. to sell out

liquider/(liquidation)

c. to buy up

racheter un fonds/reprendre

d. to hang on to

garder

e. to go into stg. with s.o./to hook up with

s'associer/se joindre à/s'unir à/fusionner/faire cause commune

3. a. to look up to s.o.

avoir un grand respect pour/admirer

b. ≠ to look down on

≠ regarder de haut/mépriser/toiser/dédaigner

4. a. to bring s.o. to

ranimer qn.

b. to come to (after fainting)

revenir à soi/reprendre conscience/recouvrer ses sens/reprendre ses esprits

5. a. to break up (couple)

rompre/casser

b. to be estranged from

être séparé de

c. ≠ to settle down

≠ s'installer/*se caser/se ranger

6. a. to break out

éclater

b. to bring on/to stir up/trigger/ provoke

causer/provoquer/engendrer/déclencher/servir de catalyseur/occasionner/susciter/exciter/ attiser/entraîner/ameuter

c. to stem from

venir de/provenir/remonter/se rattacher à/tirer ses origines de

d. to come about

advenir/survenir/produire/arriver

e. how did it come about?

comment cela est-il arrivé?

VERBES

1. a. to get away (prison, etc.)	partir en cavale/s'enfuir/s'échapper/s'évader/ *gagner/prendre le large/*faire le mur
b. a break out	une évasion
c. to run away from	faire une fugue
d. to get off (prison)	être relâché/libéré/mis en liberté
e. to sentence to	condamner à
f. to turn oneself in	se livrer/se rendre
g. to throw the book at s.o.	*filer le maxi/infliger la peine maximale
h. to land in (jail, etc.)	conduire à/aboutir à/terminer par/finir (prison)
2. a. it's bound to	c'est inévitable/cela me pend au nez/c'est fatal/ forcé
b. I can't help	je ne peux pas m'empêcher de
3. a. don't dwell on it	n'y pensez pas trop/ne le ressassez pas/ne vous apesantissez pas sur
b. to drum stg. into s.o./hammer away	seriner/rabâcher/rabattre les oreilles de qn.
c. it didn't occur to me/dawn on me	cela ne m'est pas venu à l'esprit/à l'idée
4. a. try it out!	essayez-le!
b. try it on!	passez-le!
5. to stand out	être remarqué/se voir à cent lieues à la ronde/ déborder/dépasser
6. to cut stg. up	couper en morceaux
7. a. I don't want to bother you/ to put you out	je ne veux pas vous déranger/vous gêner
b. to be very grateful to s.o.	être très reconnaissant envers qn./savoir gré à qn.
c. to do a favour	rendre un service/faire une fleur à qn.
d. you're welcome to . . .	je vous prie de . . .
8. a. to give in	céder/se livrer/se rendre
b. ≠ to stand up to s.o.	≠ tenir tête à qn.

VERBS

1. a. stick to it!	tenez bon!/ferme!/parole!/respectez l'accord!/ accroche!
b. ≠ to back out/go back on	≠ se dédire/renier/ne pas tenir parole/manquer à la parole donnée/se dégonfler
c. to pull out/withdraw	tirer son épingle du jeu/se retirer/se replier
d. to stick stg. out/see stg. through	tenir le coup/ne pas flancher/aller jusqu'au bout des choses/au fond du problème/voir à fond
2. a. to turn out/manufacture/ produce	fabriquer/confectionner/produire
b. to set up	créer/fonder/ériger/établir/bâtir
3. a. to take on/hire	engager du personnel/embaucher/recruter
b. to hold down a job	garder une situation
c. ≠ to lay s.o. off/fire/oust/to give s.o. his cards	≠ congédier/mettre à la porte/*vider/renvoyer/ *virer/licencier/remercier/destituer qn./ *dégommer
d. to be in line for	être sur la liste/les rangs
e. to have pull in	*être pistonné/avoir des entrées
4. to live up to (a reputation)/ to be up to scratch	être à la hauteur de
5. a. to come around to s.o.'s point of view	se ranger à l'avis de qn./se mettre de son côté
b. to win s.o. over/bring s.o. around	persuader/convaincre/faire ranger qn. de son côté/entraîner
c. to talk s.o. out of stg.	persuader qn. de changer d'avis/d'opinion
d. to air out, clarify (situation)	clarifier/ mettre les choses au point
6. a. to get even	se venger/prendre sa revanche
b. everything evens out	tout se paye/se règle
c. have it in for	en vouloir à/tenir rigueur à
7. put them down!	posez-les!
8. look it up (dictionary)	cherchez-le (dans . . .)!

VERBES

1. a. to be gung-ho on/to go ape over/flip/be over-keen on — s'emballer pour/s'enthousiasmer/être passionné de/aimer beaucoup/raffoler/être fou de/*tout feu tout flamme/*mordu/s'amouracher de/s'enticher de/*etre dingue de/friand de

   b. to be delighted — être ravi de/prendre plaisir à

   c. I'm set on it (are you set on it?) — j'y tiens (y tenez-vous vraiment)

   d. to jump in — foncer tête baissée

   e. ≠ not to be much on/not to be one's cup of tea/not to go a bomb on — ≠ je n'aime pas/n'en raffole pas/ce n'est pas mon genre/cela ne me dit rien

   f. I was let down/disappointed/he let me down — j'ai été déçu/il m'a déçu

2. are there enough to go around? — y en a-t-il assez pour faire le tour? /pour tout le monde?

3. a. to do the books — tenir/faire les comptes

   b. to make out a cheque (US, check) — faire rédiger un chèque

4. a. to make room for — faire place à

   b. to take up space — prendre de la place

5. a. to pass down (a custom) — transmettre (une coutume)/passer

   b. to give stg./away — donner qch./à qn.

   c. to turn stg. over to s.o. — transmettre/donner la suite

6. a. to take stg. apart — démonter/défaire

   b. ≠ to put stg. together — ≠ assembler

7. what does it stand for? — qu'est-ce que cela représente?

8. to look out on (apartment) — donner sur/avoir vue sur

9. to draw up (papers, etc.) — rédiger (des documents)/établir

VERBS

1. a. to be a put-up job	être un coup monté/*bidon/fourré
b. to be trumped up	être de pure invention/inventé de toutes pièces
c. to buy s.o. off	acheter qn.
d. to take s.o. in/put stg. over on s.o.	mettre qn. dedans/berner/duper/faire marcher/ *avoir qn./*se faire avoir/mettre qn. dans sa poche/posséder/donner le change à qn./en conter à/en faire accroire
e. to be taken in/had	*se faire avoir/*être chocolat/*se ficher dedans
2. a. to break into (house, etc.)	cambrioler
b. to make off with stg./swipe/ to nick	*chiper/*piquer/*chaparder/souffler/faire main basse sur qch.
3. to turn up/show up/come	*se pointer/présenter/*débarquer/*se radiner/ *rappliquer/*s'amener
4. a. to show off/put it on	faire étalage de/de l'épate/*en mettre plein la vue/*se faire mousser/se donner des airs/*la ramener/faire le fier/s'afficher
b. it's all put on	*c'est du baratin/*du bluff/*du chiqué/*du vent
c. to fish for compliments	chercher des compliments
5. a. to put down (a revolution, etc.)	étouffer/maîtriser/réprimer/contenir
b. to take over/a takeover	prendre le pouvoir/(une prise de pouvoir)
6. a. to have a gift for/a knack for	être doué pour/*avoir la bosse de/le chic pour (pej.)
b. to go in for (sports)	s'adonner à/pratiquer
c. to have a nose for	avoir du flair/du nez
7. a. what's on? (movie, etc.)	que joue-t-on?
b. to warm up (rehearse)	s'entrainer/répéter/se chauffer
8. a. to go through (a difficult period)/have a rough time of	endurer/subir/traverser une période difficile/ *trinquer/*baver/*en souper
b. to stand for stg./put up with/ tolerate	supporter/tolérer

VERBES

1. a. to quit fooling around/ horsing around	arrête de plaisanter/de perdre son temps/cesse de faire la bête/le guignol/le mariole/le pitre/ de faire des bêtises
b. to make jokes	faire des blagues/des plaisanteries/plaisanter
2. a. it all comes to that/boils down to	tout est là/tout vient de là/se réduit à
b. it turned out to be . . .	il s'est avéré être/s'avère que . . .
3. a. to clean up/scrub	nettoyer/briquer/*décrasser/faire le ménage
b. to wash up	se laver/se rafraîchir/débarbouiller (figure)
c. to do the dishes	faire la vaisselle/*la plonge
4. a. just for the fun of it/for the hell of it	juste pour rire/pour s'amuser/pour du jeu/ *pour rigoler/*pour se marrer
b. to get a kick out of	s'amuser/prendre plaisir à
5. hear me out!	écoutez-moi jusqu'au bout!
6. a. to clear stg. up/solve	résoudre un problème/une énigme/trouver une solution
b. to put stg. down to	attribuer à/mettre sur le compte de
c. to get to the bottom of	aller au fond des choses/approfondir
7. a. to stand s.o. up	*poser un lapin/faire faux-bond
b. he stood me up	il m'a posé un lapin
8. to be turned down/to turn down	être refusé/refuser
9. a. don't let it out!	ne le révélez pas! /ne le divulgez pas!
b. ≠ to leak out	≠ montrer le bout de l'oreille/commencer à percer/à filtrer/à se savoir
c. it will come out/it will get out	cela sera révélé/ça se saura/on l'apprendra
10. without letting up/non-stop	sans cesse/continuellement/sans interruption/ coup sur coup
11. to bring out (book, etc.)	sortir/paraître/présenter
12. bring it back!	rapportez-le!/ça s'appelle revient!
13. a. everything will work out	tout ira bien/s'arrangera/finira bien
b. how did you make out?/well?	comment cela s'est-il passé? /déroulé/ça a marché? /alors?

VERBS

1. calm down! take it easy!	calmez-vous!/du calme!/tranquillisez-vous! doucement!
2. a. slow down!	ralentissez!/plus doucement!
b. to ease up	se calmer/se ralentir
c. to taper off	diminuer peu à peu/décroître/ralentir
d. ≠ to step up (production)	≠ accélérer/activer
3. a. to touch on (a subject)	affleurer le sujet/aborder le sujet
b. to go into	approfondir
4. a. to be dead from the neck up	être complètement idiot/bête/crétin
b. not to know beans (a thing) about stg.	ne rien savoir/*n'en savoir que dalle/ne pas en savoir long
5. a. to be overcome by	être gagné par/succomber à/être en proie à/tomber sous le coup de
b. to get carried away/run away with	être transporté par/emporté par
6. a. to be oblivious to	méconnaître/ignorer/ne pas être conscient de/ne pas se rendre compte de
b. ≠ to be aware of	≠ être conscient de/averti de
c. to keep in mind	tenir compte de
7. to start off/begin/kick off	commencer/démarrer/faire le premier pas/donner le coup d'envoi/mettre en marche/en route/démarrer au quart de tour/s'ébranler/amorcer
8. a. to cop-out	se dégonfler/flancher/se dérober/se défiler/débiner
b. to be a cop-out	finir en queue de poisson
9. don't rub it in!/drop it!	laisse tomber!/ne remue pas le fer dans la plaie!/n'insiste pas!
10. to get on (in years)	vieillir/prendre de l'âge
11. to go off	sonner (réveil)/exploser (dynamite)

VERBES

1. a. to play/run around	courir le jupon/être coureur/dragueur
b. to make a pass at s.o.	flirter avec/faire des avances à qn.
c. to be madly in love with	être éperdument amoureux/fou de
2. a. to be fixed up/patched up	être arrangé/rafistolé/raccommodé/rabiboché
b. to make up for stg./compensate	rembourser/compenser/contrebalancer/racheter
3. a. what's up?/what's going on?	qu'est-ce qui se passe?
b. what's the matter?	qu'est-ce qui ne va pas?
c. what's he up to?	qu'est-ce qu'il intrigue? /complote? /manigance? /trame?
d. stg.'s up	qch. se trame/se mijote/se prépare
4. to be packed/swamped/crammed	être comble/*plein à craquer/bondé/serré comme des sardines/*bourré/archi plein
5. to burn up/down	brûler/détruire par le feu/*flamber/*crammer
6. to bear s.o. out	donner raison à qn./confirmer les prévisions
7. the situation calls for (tact, etc.)	la situation demande . . .
8. a. to work s.o. over/to beat s.o. up	passer à tabac/*tabasser/donner une raclée/ruer de coups qn./rosser/battre/frapper/*casser la gueule à qn.
b. to bump s.o. off/kill	*liquider/*zigouiller/*descendre/*bouziller/*faire la peau à qn.
c. to strike down	terrasser/foudroyer/abattre/descendre
9. where did you dig that up?	où as-tu déniché? /dégoté cela?
10. a. to eat in	dîner à la maison/chez soi
b. ≠ to go out	≠ sortir, eat out = dîner en ville
11. to dash off (letter)	écrire un mot/en vitesse/deux mots/griffonner
12. a. to let one's hair down	se décontracter/se laisser aller/se détendre
b. ≠ to be keyed up/uptight	≠ être contracté/tendu/sur les nerfs/avoir les nerfs en pelote/être à tout de nerfs/avoir les nerfs à fleur de peau

VERBS

1. a. to be a push-over (work)	être simple comme bonjour
b. to be a push-over (person)	tout gober/tout avaler/*être une bonne poire
c. ≠ not to be a push-over	≠ ne pas se laisser faire
2. a. to cheat on s.o.	tromper qn.
b. she's cheating on him	*il est cocu/elle le trompe
c. ≠ to wise up/smarten	≠ s'aviser/se rendre compte/ouvrir les yeux/se dessaler
d. to keep tabs on s.o.	surveiller/épier/espionner
e. to keep an eye on/watch	surveiller/tenir qn. à l'œil/veiller au grain
3. a. to play down (story)	minimiser/faire peu de cas de/passer outre/laisser tomber
b. to read more into stg.	chercher trop loin/des complications
c. to make a production out of stg.	en faire tout un plat/ce n'est pas la mer à boire
d. to make a fuss	faire des histoires/une scène/en faire un drame/maladie
4. to be hooked/addicted	*être camé/drogué/ne plus pouvoir s'en passer
5. to make noise	faire du bruit/*du tapage
6. to be at the expense of	être aux dépens de
7. a. to wager on stg.	parier sur/faire un pari
b. I bet!/you're on!	chiche!/marché conclu!
8. a. to get involved with	être mêlé à/impliqué dans/*se mouiller dans
b. to have a hand in (situation)	être dans le coup/y être pour qch.
9. a. to have no use for	ne pas avoir de temps à perdre
b. to make time	trouver le temps
10. a. to make a film/to shoot a film	tourner/faire un film
b. to star in	jouer le rôle principal/être la vedette/avoir la vedette/tenir la premier rôle/l'affiche
11. to shake hands	serrer la main/*la paluche/*la pince/*la cuillère
12. it isn't done	cela ne se fait pas

VERBES

1.	to make a mistake/an error	faire une erreur/*se gourer/se tromper/se fourvoyer/faire une bêtise
2.	to have one's hair done	se faire coiffer/*aller chez le merlan
3. a.	it made me . . . (sad)	cela m'a rendu . . . (triste)
b.	I made him do it	je lui ai fait faire
4.	to make an appointment	prendre rendez-vous/*un rencart
5.	get rid of it!/throw it out!	débarrassez-vous en!/jetez-le!/*bazardez-le!/*balancez-le!
6.	to make stg. to measure	faire sur'mesure
7.	will Saturday do?	est-ce que samedi cela irait? /est-ce que samedi vous convient?
8.	to make a suggestion	faire une suggestion/suggérer/proposer
9.	to translate	traduire/faire une traduction
10. a.	that'll do	cela suffit/ça ira comme ça/en voilà assez/la mesure est comble
b.	that will do the trick/it's just what the doctor ordered	cela fera l'affaire
11. a.	to do harm	faire des dégâts/du mal
b.	≠ it will do you good	≠ cela vous fera du bien/ça vous changera les idées
12. a.	to cook, prepare the meal	*faire la popote/*la bouffe/la cuisine/faire cuire/préparer à manger
b.	to eat	*bouffer/*grailler
13. a.	you had better . . .	vous auriez interêt à . . . /vous feriez mieux de . . .
b.	she would make a better wife than . . .	elle ferait une meilleure épouse que . . .
c.	to have to, must	devoir, falloir, être obligé de, avoir à, être tenu de
d.	should	devrait
14. a.	make like . . .	faites comme si . . ./semblant de . . ./faites mine de rien
b.	to play along with s.o.	jouer le jeu
c.	to make believe	faire croire

VERBS

1. a. make up your mind!	décidez-vous!
b. she changed her mind	elle a changé d'avis/d'idée
2. stop making faces!	arrêtez de faire des grimaces! /de faire la tête! / la moue! /*la gueule!
3. a. to make fun of s.o./to laugh at s.o.	se ficher de qn./rire de/se payer la tête de qn./ ridiculiser qn./se moquer de
b. to make a fool of oneself	se rendre ridicule/se ridiculiser/se donner en spectacle
4. a. to do business	faire des affaires
b. what does he do for a living?	que fait-il dans la vie?
c. to deal with	traiter avec/avoir affaire avec
5. a. to go shopping	faire des achats/les magasins
b. to run errands	faire des courses
6. to sweat stg. out	prendre son mal en patience/tenir le coup/*en baver
7. to write up (a write-up)	faire la critique (d'un article)
8. to live stg. down (reputation)	se remettre de/surmonter
9. a. to make do with	se contenter de/faire avec/s'accommoder de
b. they can get by on	ils font avec/se débrouillent
c. ≠ to do without	≠ se passer de/se priver de/*faire tintin
10. a. I was born . . .	je suis né(e) . . .
b. to give birth to	mettre au monde/donner naissance à/accoucher
c. to grow up	grandir/pousser
d. to be well brought-up	être bien élevé/éduqué
e. to pass away/kick off/kick the bucket	décéder/*casser sa pipe/*crever/*claquer/ *avaler son bulletin de naissance/*passer l'arme à gauche
11. it's not fair to/to be uncalled for	ce n'est pas juste pour . . ./être injustifié/ injuste

VOCABULARY

Since it is easier to learn 3–6 words which are associated with one another, rather than memorizing them separately one at a time, the words in this vocabulary sectio have been carefully arranged in groups.

Fill in the second, third and fourth columns according to the given symbols.

— = in the second column a translation, in the third column either a synonym or a related word, and in the fourth a word with the opposite association.

/ = in this vocabulary section only, an indication that the same word can have two or more totally different meanings.

When you have filled in as many as you can, turn the page and check the key. As always, the * indicates colloquial usage.

VOCABULARY

	TRANSLATION	SYNONYM	OPPOSITE-ASSOCIATED
1. allez-y!			—
2. le rôle principal		—	
3. dumb	/ /	/ – – – –	
4. jurer		—	
5. en tôle		– – – –	
6. *faire un four		– – –	– –
7. un voleur		—	
8. /j'ai peur/lâche		/ – / – –	/ –

23

VOCABULAIRE

	TRADUCTION	SYNONYME	CONTRAIRE-ASSOCIE
1. allez-y!	go ahead!		attendez = wait a minute!
2. le rôle principal	the leading part ≠ bit part	la vedette, tenir l'affiche	le rôle secondaire, le figurant, un bout de rôle, jouer les utilités
3. dumb	/stupide/muet	/bête, *crétin, buse, âne, gourde, bécasse, corniaud, cornichon, bête comme ses pieds, niais, benêt, bébête, sot, *cloche, *bouché, c'est un abruti, cruche, *un âne bâté, *andouille,.débile	c'est une grosse tête, un cérébral, intellectuel, fin, vif = bright, évolué = advanced
4. jurer	to swear	maudire = to curse	
5. en tôle	in prison, jail (au secret = in solitary)	à l'ombre, *en cabane, au cachot, *au violon, le bagne = forced-labor camp, en maison d'arrêt, *en cage, au bloc	être relâché = to be freed
6. *faire un four	to be a flop ≠ hit	*faire un bide, être un échec, *un navet, rater son coup, pas grand chose = no great shakes	faire un tube/un malheur /fureur/rage
7. un voleur	a robber	un cambrioleur = burglar, un escroc = crook	
8. /jai peur/lâche	/I'm frightened (to fear = craindre)/coward, chicken	/je suis effrayé, j'ai *la trouille/froussard, peureux, capon, dégonflard, *trouillard = cissy, une poule mouillée, *une mauviette, être dans ses petits souliers, ne pas en mener large	courageux, avoir qch. dans le ventre = brave, avoir du cran

VOCABULARY

	TRANSLATION	SYNONYM	OPPOSITE-ASSOCIATED
1. avoir lieu		– – –	
2. ennuyeux		– – – –	–
3. je suis étonné		– – – – –	– –
4. faire de la voile	–		
5. pool	/ / /		
6. va et vient	_	– –	
7. le tout		–	–
8. /situé/un endroit	– –	/ – – / – –	

VOCABULAIRE

	TRADUCTION	SYNONYME	CONTRAIRE-ASSOCIE
1. avoir lieu	to take place/how did it happen? = comment est-ce arrivé? comment cela s'est-il passé	survenir, arriver, se dérouler, advenir	
2. ennuyeux	dull, a drag ≠ interesting, captivating, enchanting	*rasoir, pénible, assommant, embêtant comme la pluie, *barbant, it's a bore = *cela me fait suer, ça me bassine	intéressant, passionnant, séduisant, charming = charmant, captivant, grisant
3. je suis étonné	astonished, surprised, stunned, floored, astounded, amazed, dazed, dumbfounded, flabbergasted, dumb, overwhelmed (startled = effarouché), (spellbound = envoûté)	sidéré, abasourdi, *en rester baba, en avoir les bras et les jambes coupés, *rester comme deux ronds de flanc, éberlué, époustouflé, soufflé, assis, tomber des nues, renversé, tombé de haut = surprised	ça ne m'a rien fait, pas fait d'effet
4. faire de la voile	to sail	naviguer	
5. pool	/une piscine/un groupement/le billard		
6. va et vient	back and forth	avancer et reculer, faire les cent pas, de long en large, d'un bout à l'autre	
7. le tout	whole	l'entier	une partie = part
8. /situé/un endroit	/located/place, spot	/se trouve/place, un lieu, locaux = premises	

VOCABULARY

	TRANSLATION	SYNONYM	OPPOSITE-ASSOCIATED
1. /s'inquiéter/les soucis/inquiétant	– – –	/ – – – / – – / –	/ – –
2. /suivant/he noticed	– –		
3. /un fait divers/un canard	– / /	/ –	
4. /de cette façon/les moyens	– –	/ –	
5. /to stay/to rest	– –		
6. /un sac de voyage/to pack		/ – –	/ –
7. qu'est-ce qu'il y a?		–	
8. le gagnant			–
9. au-dessus			–
10. gâter	/ /	/ – / –	
11. le chantage		–	
12. récemment		–	–
13. un conte		–	

VOCABULAIRE

	TRADUCTION	SYNONYME	CONTRAIRE-ASSOCIE
1. /s'inquiéter/les soucis/inquiétant	/to worry, fret/worries /upsetting	/être dans tous ses états, inquiet, s'affoler, se faire du mauvais sang, de la bile, du mourron, se faire des cheveux blancs/les ennuis, *pépins, tracas/angoissant, affolant, troublant	je ne me fais pas de soucis = I'm not worried = je ne m'en fais pas, ça me rassure = reassuring
2. /suivant/he noticed	/according to/il a remarqué	/selon	
3. /un fait divers/un canard	/news-item/duck/ newspaper (rag)	un journal = newspaper	
4. /de cette façon/ les moyens	/in this way/means, methods	/comme ça, de cette manière	
5. /to stay/to rest	/rester/se reposer		
6. /un sac de voyage/ to pack	/a travelling bag/faire sa valise	/a trunk = une malle, une valise = suitcase, des bagages = luggage	/to unpack = défaire sa valise
7. qu'est-ce qu'il y a?	what's the matter? (qu'est-ce qui se passe? = what's up?)	qu'est-ce qui ne va pas?	
8. le gagnant	winner, ≠ loser	le champion = champ	le perdant
9. au-dessus	above ≠ under		au-dessous
10. gâter	/to spoil s.o./to rot, ruin	/choyer/pourrir, abîmer, gâcher, *esquinter	
11. le chantage	blackmail (un maître chanteur = blackmailer)	to blackmail = faire chanter qn.	
12. récemment	recently ≠ ages ago, a dog's age	il y a peu de temps	il y a longtemps, ça fait un bail
13. un conte	a tale, a story	une histoire (de cape et d'epée = cloak and dagger)	

28

VOCABULARY

	TRANSLATION	SYNONYM	OPPOSITE-ASSOCIATED
1. je suis fâché		– – –	–
2. une mésaventure		–	
3. lier		–	–
4. /*il est casse-pied/ *enquiquiner qn.	– –	/ – – / – – –	/ –
5. /le front/le poignet /le coude/l'épaule	– – – –		
6. /se dépêcher/nous sommes prêts	– –	/ –	–
7. amer		–	–
8. un portefeuille	–		
9. *je suis crevé		– – – – – –	–
10. dangereux			–
11. c'est embêtant		– –	
12. the outcome		– –	

VOCABULAIRE

	TRADUCTION	SYNONYME	CONTRAIRE-ASSOCIE
1. je suis fâché	I'm angry, sore, mad	en colère, irrité, ennuyé, contrarié,*en boule, *en rogne	t'en fais pas! = keep cool!
2. une mésaventure	accident, mishap	un avatar, incident de parcours	
3. lier	to link, fasten	attacher, joindre = join	défaire = to undo
4. /*il est casse-pied/ *enquiquiner qn.	/annoying, a pain in the neck, pest/to bother s.o., to pester, annoy (il m'énerve = he bugs me), (être dan les jambes de qn. = bug s.o. — for kids)	/*il est raseur, *emmi-elleur, *empoisonnant /embéter, agacer, assommer,*casser les pieds, faire suer, *raser, tarabuster, *empoissonner, tanner, ennuyer	il ne me gêne pas = he doesn't bother me
5. /le font/le poignet /le coude/l'épaule	/forehead/wrist/elbow/shoulder	fist = poing	
6. /se dépêcher/nous sommes prêts	/to hurry, rush/we're all set	/se précipiter, se hâter	lambiner = to dawdle, trainer
7. amer	sour	acide	sweet = sucré
8. un portefeuille	a wallet	un porte-monnaie = change purse	
9. *je suis crevé	I'm beat, exhausted, worn out, bushed = flapi, pooped = fourbu	je suis fatigué, *claqué, sur les genoux,*à ramasser à la petite cuillère, *raplapla, *sur les rotules, à bout, *lessivé, *pompé *abruti, *à plat	*péter le feu = raring to go, être en forme
10. dangereux	dangerous ≠ safe		sûr, sans danger
11. c'est embêtant	it's annoying (bother-some = gênant)	ennuyeux, *casse-pied, ça me chiffonne, fâcheux	
12. the outcome	le résultat	l'issue, le dénouement, la conséquence	

VOCABULARY

	TRANSLATION	SYNONYM	OPPOSITE-ASSOCIATED
1. volontiers		— — —	—
2. je vous défie		—	
3. le bord		— — —	
4. tuer		— —	
5. a will	/ /		
6. /louer qch./un locataire/une hypothèque/une propriété immobilière	— — — —		
7. /désespéré/elle a le cafard		/ — — / — —	
8. rigoriste		—	
9. frotter		—	
10. docile		—	
11. voyager	/ /	/ — / —	
12. un but		—	
13. dur		—	—
14. faire attention		—	—

VOCABULAIRE

	TRADUCTION	SYNONYME	CONTRAIRE-ASSOCIE
1. volontiers	gladly, with pleasure ≠ unwillingly	de grand cœur, avec plaisir, de bon gré, de plein gré, de bon cœur	à contrecœur, contre son gré
2. je vous défie	I challenge, dare you	chiche!	
3. le bord	the edge, border	la berge = brink, le rebord, la bordure, la lisière = skirt	
4. tuer	to kill, slay	commettre un meurtre = to murder, massacrer, assassiner	
5. a will	/un testament/une volonté	le libre arbitre = free will	
6. /louer qch./un locataire/une hypothèque/une propriété immobilière	/to rent, hire/tenant/ mortgage/real estate	/sous-louer = sublet, le loyer = rent, land = terrain	le propriétaire = owner
7. /désespéré/elle a le cafard	/in despair, disheartened = découragé/ she's blue, low	/désemparé, au désespoir, désarroi/ déprimé = down, cafardeux, elle a le bourdon, elle broie du noir = down in the dumps	aux anges = up, gai
8. rigoriste	stern ≠ lax	sévère, strict, rude = harsh	mou, doux = gentle
9. frotter	to rub	to wipe = essuyer	
10. docile	meek	soumis	
11. voyager	/to travel/take a trip, turn on	/un trajet/prendre de la drogue	
12. un but	an aim	une cible = target, viser = to aim	mobile = motive
13. dur	hard ≠ easy	difficile	facile, aisé
14. faire attention	to pay attention ≠ to ignore	*faire gaffe, prêter attention	ne pas tenir compte de, passer outre

VOCABULARY

	TRANSLATION	SYNONYM	OPPOSITE-ASSOCIATED
1. /le paradis/un ange	– –		/ – / –
2. une boîte	/ / / /		
3. dans le vent		– – –	– – – –
4. /aboyer/chaton/ chiot/mordre	– – – –		–
5. /une nuance de rouge/criard	– –	/ –	–
6. /une prévision /brumeux	– –		
7. /à mi-temps/ freelance	– –	/ –	/ – / –
8. dépeint		–	
9. en tête		–	
10. /une vieille fille/ célibataire/une veuve	– – –		/ –
11. /un pantalon/un tailleur (women)		/ – / –	
12. un monstre sacré	–		
13. je suis contre			–
14. timoré		–	–
15. désordonné		–	–

VOCABULAIRE

	TRADUCTION	SYNONYME	CONTRAIRE-ASSOCIE
1. /le paradis/un ange	/heaven ≠ hell/angel		/l'enfer/un diable = un démon = devil
2. une boîte	/box/club/company/ a can	une boîte de nuit = night club	
3. dans le vent	with it, swings, up to date = à jour (novelty = nouveauté)	dans le coup, à la mode, à la page, en vue c'est couru = a fad, être dans la course	démodé, désuet, square, out of it = pas dans le coup, périmé, obsolete, suranné, vieux jeu
4. /aboyer/chaton/ chiot/mordre	/to bark/kitten/puppy /to bite	to growl = gronder, grogner, cat = minet, toutou = doggie	miauler = to meow, ronronner = to purr
5. /une nuance de rouge/criard	/a shade of red/gaudy ≠ tailored	/une couleur unie = solid/voyant, tape à l'œil	sobre, strict
6. /une prévision /brumeux	/a forecast, prediction/it's misty	(rainbow = arc-en-ciel) /il y a du brouillard	
7. /à mi-temps/ freelance	/part-time ≠ full time/qui travaille à son compte	/stringer = un pigiste	/à plein-temps/être salarié
8. dépeint	depicted, portrayed	décrit, brosser	
9. en tête	main	principal	
10. /une vieille fille/ célibataire/une veuve	/an old maid/single/ widow ≠ widower/ veuf	coiffer Ste Catherine = not married at twenty-five, une demoiselle	/une femme d'intérieure, une ménagère = house-wife, un couple
11. /un pantalon/un tailleur (women	/slacks/suit	*futal, *falzar, *froc, costume, complet (men)	
12. un monstre sacré	a 'superstar'		
13. je suis contre	I'm opposed to ≠ for	aller à l'encontre de	je suis pour, partant
14. timoré	shy ≠ bold	timide, replié, sur soi-même	audacieux, hardi, avoir de l'estomac, expansif
15. désordonné	sloppy ≠ net	a mess = en pagaille	net

VOCABULARY

	TRANSLATION	SYNONYM	OPPOSITE-ASSOCIATED
1. /a plate/une tasse et une soucoupe	/ /		
2. to quit	/ /	/ – / –	
3. être verni		– – –	– – –
4. un trait	/ /		
5. la foule		– –	
6. to strike	/ /	/ – – –	
7. un pistolet		–	
8. /*un boulot/un emploi du temps	– –		
9. en vitesse		–	–
10. épouser		– –	
11. /permettre/le consentement	– –	/ – / –	/ – –
12. /le témoin/la preuve	/ /	/ –	

VOCABULAIRE

	TRADUCTION	SYNONYME	CONTRAIRE-ASSOCIE
1. /a plate/une tasse et une soucoupe	/plat/assiette/a cup and saucer	une cafetière = coffee-pot	
2. to quit	/arrêter/démissionner	/quitter/*rendre son tablier	
3. être verni	lucky, un veinard = a lucky dog	être chanceux, avoir du pot = a lucky chance, un coup de chance, une aubaine	*avoir la guigne, *la poisse, *pas de bol, une tuile = rotten luck, de la déveine = a tough break
4. un trait	/feature/dash		
5. la foule	a crowd (crowded = tassé, bondé)	il y a du monde, il y a du peuple, c'est la cohue	pas un chat = not a soul
6. to strike	/se mettre en grève faire grève/frapper	/gifler = to slap, battre = to beat, caloter, un coup = a blow, rosser, *une raclée = a good belting, une baffe = a smack = une claque, *beigne, taper qn.	
7. un pistolet	a gun, a pistol (a rod = un flingue)	une mitraillette = a machine gun, une balle = bullet	
8. /*un boulot/un emploi du temps	/work/a schèdule, timetable	/un programme	
9. en vitesse	speedy, quickly ≠ slowly	rapidement	doucement, lentement
10. épouser	to get married, hook-ed, to take the plunge (un mariage précipité = a shotgun wedding	se marier, *se mettre un fil à la patte/*la corde au cou, convoler en justes noces	
11. /permettre/le consentement	/to permit, let/con-sent	/laisser faire/la permission, l'accord	interdire = forbid, prohiber, censurer, poser son veto
12. /le témoin/la preuve	/witness/proof	/un témoin oculaire = eyewitness/l'évidence	

VOCABULARY

	TRANSLATION	SYNONYM	OPPOSITE-ASSOCIATED
1. temporaire		–	–
2. faux		– –	–
3. aigu		–	–
4. mal à l'aise		–	–
5. il est gourmand	/ /	/ –	
6. de bonne humeur			– –
7. être affairé		– – –	
8. balivernes		– – – – –	
9. cela coule de source		– –	
10. froissé		–	–
11. /rétrograder/prendre sa retraite	– –	/ – / –	/ –

VOCABULAIRE

	TRADUCTION	SYNONYME	CONTRAIRE-ASSOCIE
1. temporaire	temporary, tentative	temporairement, moyens de fortune, de bord = makeshift	permanent
2. faux	fake, phony (to be phony = être un faux jeton) ≠ real	du toc, *bidon, de la frime	vrai, authentique
3. aigu	sharp (things)	pointu = pointed	émoussé = dulled
4. mal à l'aise	ill at ease	inconfortable	confortable, à l'aise
5. il est gourmand	/he likes good food, he's an eater/has a sweet tooth	il aime la bonne chère (*une fine gueule)	
6. de bonne humeur	in a good mood ≠ in a bad mood		*de mauvais poil, capricieux = moody, *mal luné
7. être affairé	busy, on the go = sur la brèche	bousculé = frantic, sur les dents, mouvementé, très occupé, à droite et à gauche	je n'ai rien fichu = I goofed off, twiddled my thumbs
8. balivernes	nonsense, rot, bunco, malarky, hogwash, hot air, drivel, it's a lot of jazz = *tout ça c'est des salades (faire des bêtises = to do stg. silly)	des bêtises, niaiseries, fadaises, des âneries, c'est du vent, des sottises, des idioties, la folie = craziness, c'est de la foutaise, de la fumisterie, des sornettes, du charabia, de la bouillie pour les chats	
9. cela coule de source	obvious	évident, cela va de soi, se voit	vague
10. froissé	wrinkled	rumpled = chiffonné, ridé	lisse = smooth
11. /rétrograder/prendre sa retraite	/demote ≠ promote/ to retire	/se retirer, *aller planter ses choux	promouvoir, avancer, prendre du galon, monter en grade

VOCABULARY

	TRANSLATION	SYNONYM	OPPOSITE-ASSOCIATED
1. /un piège/un appât/c'est truqué	– – –	/ – – –	
2. des honoraires		– –	
3. j'y suis!		–	– – –
4. saigner	–		
5. c'est bon marché		– –	– –
6. l'aube		– –	– –
7. downtown			–
8. /vous avez tort/mal citer		/ – – –	/ –
9. smart	/ /	/ –	/ –
10. huge		–	/ –
11. un coup d'œil	–		

VOCABULAIRE

	TRADUCTION	SYNONYME	CONTRAIRE-ASSOCIE
1. /un piège/un appât/c'est truqué	/trick, trap = un traquenard, booby trap = un attrape-nigaud/bait/it's fixed	/une ruse, une super-cherie, un canular = hoax, une chausse-trape = une attrape, un truc	
2. des honoraires	fee, salary = un salaire	un traitement, des gages, paie	
3. j'y suis!	I get it ≠ I'm baffled! it's beyond me	*je pige! , ça y est	je n'y suis pas, je n'y comprends rien, je suis perdu, cela me dépasse, *je suis dans le cirage
4. saigner	to bleed	saigner à mort = bleed to death	
5. c'est bon marché	it's dirt cheap, I got it for a song ≠ sky high	*c'est donné = a steal, *pour des clopinettes, pas cher, c'est pour rien	c'est le coup de fusil, *le coup de bambou, *barre, hors de prix, à prix d'or
6. l'aube	dawn, daybreak ≠ dusk, nightfall (twi-light = entre chien et loup)	sunrise = le lever du soleil, le point du jour	le crépuscule = le coucher du soleil, sunset = la tombée de la nuit
7. downtown	le centre de la ville		le quartier residentiel = uptown
8. /vous avez tort/mal citer	/you're mistaken/to misquote	vous êtes dans l'erreur, vous vous trompez, *vous vous gourez, vous faites erreur/une bêtise	vous avez raison, c'est juste, exact
9. smart	/intelligent, vif/chic, soigné	/sage = wise, malin = clever = déluré	/déguenillé = in rags, mal ficelé
10. huge	énorme	immense	minuscule, tout petit
11. un coup d'œil	a glance	a peep = un coup d'œil furtif	

VOCABULARY

	TRANSLATION	SYNONYM	OPPOSITE-ASSOCIATED
1. un type		– – –	– – –
2. far-fetched		– –	
3. /un agneau/un poulain/un veau/un mouton	– – – –		
4. une récompense	–		
5. un défaut	–		–
6. un jardin	–		
7. auparavant		– –	
8. faire sa toilette	–		
9. /se noyer/un maillot de bain	– –		
10. un aller simple			–
11. rabâcher		–	
12. /a canvas/to canvass	–		
13. coed	/ /		
14. /la comptabilité/un ordinateur	– –		
15. se retirer		–	–
16. tenter le coup		–	

VOCABULAIRE

	TRADUCTION	SYNONYME	CONTRAIRE-ASSOCIE
1. un type	a fellow, guy ≠ a gal	*un gars, *un mec, *un gonze, un bon-homme, un chic type = a cool cat, *un zigue, her John = *son Jules, *un loulou	*un pépé = chick, *une nana = broad, *une gonzesse, *sa Berthe = his Jane, *une nénétte, *une greluche, *sa bonne femme
2. far-fetched	exagéré, tiré par les cheveux	très recherché, cherch-er loin	
3. /un agneau/un poulain/un veau/un mouton	/a lamb/a colt/a veal /lamb		
4. une récompense	a reward	un prix = prize	
5. un défaut	a flaw	une faille = catch	une qualité
6. un jardin	garden	une cour = yard	
7. auparavant	previously, formerly, once upon a time = il était une fois	précédemment, jadis, autrefois	
8. faire sa toilette	to get ready (wash, make up)		
9. /se noyer/un maillot de bain	/drown/a bathing suit	sombrer = to sink = couler, une plage = beach	nager = to swim
10. un aller simple	a one-way ticket		un aller-retour
11. rabâcher	to repeat ≠ to let it drop	to babble = radoter, répéter, seriner	laisser tomber
12. /a canvas/to canvass	/une toile/prospecter		
13. coed	/mixed (école)/une étudiante		
14. /la comptabilité/un ordinateur	/book-keeping/a com-puter		
15. se retirer	to withdraw	to back away = reculer se replier	avancer
16. tenter le coup	to take a shot	tenter sa chance	

VOCABULARY

	TRANSLATION	SYNONYM	OPPOSITE-ASSOCIATED
1. /exprès (faire)/ arrière-pensée	– –	/ –	–
2. c'est en vain		–	–
3. le sous-sol			–
4. un joli coin		– –	
5. un tapis		–	
6. être vide		–	–
7. une selle		–	
8. un péché	–		
9. /un oreiller/une couverture	– –		
10. un chef-d'œuvre	–		
11. meublé		–	–
12. poli		–	– –
13. à haute voix		–	–
14. *machin	/ /	/ – / –	
15. spring	/ / /		
16. /une sorcière/un fantôme/hanter	– – –		
17. le four		–	

VOCABULAIRE

	TRADUCTION	SYNONYME	CONTRAIRE-ASSOCIE
1. /exprès (faire)/ arrière-pensée	/on purpose/ulterior motive	/à dessein	/pas voulu
2. c'est en vain	it's no use, no avail	c'est pas la peine, inutile, il n'y a rien à faire	ça vaut la peine, le coup
3. le sous-sol	the cellar		le grenier = attic
4. un joli coin	a nice spot, joint	*un bouge = dive, un coin, une gargotte, *un boui-boui, *un tord-boyaux	
5. un tapis	a carpet, rug	une moquette	
6. être vide	blank, empty	blanc	plein, rempli
7. une selle	a saddle	monter à cheval = to ride	
8. un péché	a sin		
9. /un oreiller/une couverture	/pillow/blanket		
10. un chef-d'œuvre	a masterpiece		
11. meublé	furnished ≠ unfurnished	équipé	non meublé, vide
12. poli	polite	courtois, correct	rude = impoli, insolent, grossier
13. à haute voix	aloud	tout haut	chuchoter = in a whisper
14. /*machin/*c'est de la camelote/ *un truc	/stuff/it's junk /a thing	/*c'est du toc, *de la cochonnerie/*un bidule	
15. spring	/un ressort/une source /le printemps		
16. /une sorcière/un fantôme/hanter	/witch/ghost/to haunt	un revenant	
17. le four	a stove	la cuisinière	

VOCABULARY

	TRANSLATION	SYNONYM	OPPOSITE-ASSOCIATED
1. /la gorge/la toux/ frileux	– – –		
2. /*un bouquin/ *bouquiner/le dico	– – –		
3. a hike	/ /		/ –
4. le raffut		– – –	
5. /une infirmière/un chirurgien/*un toubib	– – –		
6. /un commerçant /une épicerie/une quincaillerie	– – –		
7. /un appareil/un outil/un truc	– – –		
8. /sauvage/il est sauvage	– –	/ –	/ –
9. droit			–
10. /la tombe/mortel/ le cadavre	– – –		–
11. /un syndicat/un gréviste	– –		
12. /la rentrée/les sports d'hiver/les grandes vacances	– – –		

VOCABULAIRE

	TRADUCTION	SYNONYME	CONTRAIRE-ASSOCIE
1. /la gorge/la toux/ frileux	throat/cough/always cold (cold = rhume)	mal à la gorge, l'angine = sore throat, to cough = tousser	
2. /*un bouquin/ *bouquiner/le dico	/a book/to read/a dictionary		
3. a hike	/une randonnée (à pied)/une hausse ≠ une unité		/a drop = une baisse, une tombée
4. le raffut	noise, rumpus (bois-terous = bruyant	le bruit, le charivari, le chahut, le tapage	
5. /une infirmière/un chirurgien/*un toubib	/a nurse/a surgeon/ Doc.	to butcher s.o. = charcuter qn.	
6. /un commerçant /une épicerie/une quincaillerie	/shopkeeper/grocery /hardware store	un marchand	
7. /un appareil/un outil/un truc	/device, gadget/tool /a thing	un appareil photo-graphique = camera, gimmick = astuce	
8. /sauvage/il est sauvage	/wild/people shy, not sociable, very private	/farouche	/apprivoisé = tame
9. droit	straight ≠ crooked		tordu, sinueux, courbé = curved
10. /la tombe/mortel/ le cadavre	/grave/deadly/corpse (cimetière = graveyard)	la dépouille mortelle, *un macchabée = stiff	
11. /un syndicat/un gréviste	/union/striker	faire la grève = go on strike	
12. /la rentrée/les sports d'hiver/les grandes vacances	/fall, autumn: when school reopens/winter vacation/summer holidays (a month)	faire du ski = to go skiing	

VOCABULARY

	TRANSLATION	SYNONYM	OPPOSITE-ASSOCIATED
1. têtu		– – – –	–
2. sangloter		– –	
3. /a needle/a pin-prick	/ /		
4. tirer			–
5. a pet	/ /	/ – –	
6. il est célèbre		–	–
7. fort	.	–	–
8. un cauchemar			–
9. *je ne peux pas la sentir		– – – –	
10. I'm close to her	/ /	–	–
11. augmenter		– –	– –
12. /room and board/ une auberge/un groom/un portier	– – – –	–	
13. réagir		–	

VOCABULAIRE

	TRADUCTION	SYNONYME	CONTRAIRE-ASSOCIE
1. têtu	stubborn, obstinate, croire dur comme fer = être intransigeant = diehard	buté, entêté, cabochard, opiniâtre, ne pas en démordre, rester ferme, *être têtu comme une bourrique, *avoir une tête de lard, *de bois, *de pioche, avoir les idées bien arrêtées, fixes	être souple = flexible
2. sangloter	to weep, sob	pleurer, pleurnicher, *chialer	
3. /a needle/a pin-prick	/une aiguille/une piqûre		
4. tirer	to pull		pousser
5. a pet	/un animal domestique /un chouchou	/un favori, le préféré	
6. il est célèbre	famous	connu, la renommée = fame, infâme = infamous	inconnu
7. fort	strong, powerful	puissant	faible
8. un cauchemar	a nightmare (have a dream = faire un rêve)		un rêve = dream
9. *je ne peux pas la sentir	I can't stand her, bear her	je ne peux pas la supporter, *piffer, la blairer, la voir, *l'encaisser, *l'encadrer, *je l'ai dans le nez	je l'adore, je suis fou d'elle
10. I'm close to her	/je suis près d'elle/lié à elle, attaché à elle, proche d'elle	être à deux pas = a stone's throw	loin = far
11. augmenter	to increase ≠ to decrease	accroître, élever, lever, hausser	baisser, diminuer, décroître
12. /room and board/ une auberge/un groom/un portier	/une pension/an inn/ bellboy/doorman	/gîte et couvert	
13. réagir	to react	il a mal réagi = he took it poorly	

48

VOCABULARY

	TRANSLATION	SYNONYM	OPPOSITE-ASSOCIATED
1. c'est entendu		– – –	– – –
2. plaisanter		– – –	
3. /la taille/la poitrine /les hanches/le sein	– – – –		
4. /c'est un risque/il y va . . .	– –	–	
5. /un court-métrage /*le ciné	– –	/ – / –	
6. des taches	–		
7. prétendre	–		
8. à l'étranger		–	
9. /to smell/a smell	– –	/ –	
10. /une cicatrice/ cicatriser	– –		
11. row	/ /	/ –	

VOCABULAIRE

	TRADUCTION	SYNONYME	CONTRAIRE-ASSOCIE
1. c'est entendu	it's a deal!, gotcha!, roger! ≠ no dice, no soap	d'ac! , c'est entendu! convenu! , ça biche! , ça colle! , ça marche! , ça tient! , ça gaze! , compris! , vu! , reçu!	ça ne colle pas, ça ne gaze pas, je ne marche pas, cela ne prend pas = no way = je ne mange pas de ce pain là
2. plaisanter	to kid (no kidding = sans blague), (se faire des idées = to kid o.s.)	faire une blague, faire marcher qn. = pull s.o.'s leg, to jest = badiner, taquiner = to tease, pour rire = in jest, rigoler, faire de l'esprit = to joke	parfaitement sérieux = dead serious
3. /la taille/la poitrine /les hanches/le sein	/waist/bust/hips/ breast	les mensurations = measurements	
4. /c'est un risque/il y va . . .	/it's a gamble (jouer = to gamble = flamber) /to be at stake (enjeu = stakes)	parier = to bet, une gageure = a bet, aléatoire = risky, stake all = jouer le tout pour le tout	un coup sûr = a sure bet
5. /un court-métrage /*le ciné	/a short/a flick	/*le cinoche/un documentaire = documentary	
6. des taches	stains	tacher = to stain	
7. prétendre	to claim (to pretend = faire croire)	réclamer, revendiquer, maintenir = maintain (a claim = une réclamation)	
8. à l'étranger	abroad	outremer = overseas (l'humanité = mankind)	
9. /to smell/a smell	/sentir/une odeur (renifler = sniff)	scent = un parfum, whiff = une bouffée	
10. /une cicatrice/ cicatriser	/a scar/to heal	/une blessure = a wound/guérir	
11. row	/une rangée de sièges /une querelle	/une mêlée = bagarre, une brouille = falling out	

VOCABULARY

	TRANSLATION	SYNONYM	OPPOSITE-ASSOCIATED
1. /l'école primaire/ lycée/l'université/ un diplômé	– – – –	/ –	/ –
2. marcher comme sur des roulettes		–	– –
3. /ankle/knee/cheek/ lung/thigh	– – – –		
4. maussade		– – – –	–
5. *le potin		– – – –	–
6. affreux		– –	– – –
7. /bien habillé/*les frusques		/ – – / –	/ – –
8. blafard		–	
9. /la bourse/un act- ionnaire/les valeurs	– – –		/ –
10. /les restes/cru (food)	– –		
11. to move	/ / /		

VOCABULAIRE

	TRADUCTION	SYNONYME	CONTRAIRE-ASSOCIE
1. /l'école primaire/ lycée/l'université/ un diplômé	/grammar school/high school/college/a graduate	/être en terminale = senior/lauréat	/faire des études = an undergraduate
2. marcher comme sur des roulettes	to go like clockwork, go smoothly	réglé comme du papier à musique	aller de travers, tourner mal = to backfire, tourner au vinaigre = go sour
3. /ankle/knee/cheek/ lung/thigh	/la cheville/le genou/ la joue/le poumon/la cuisse	sur les genoux = on one's lap	
4. maussade	gloomy, drab, dismal dreary	triste, gris, lugubre, terne, morose, morne	cheerful = gai
5. *le potin	hearsay, gossip (un cancanier = busybody)	*le commérage, le qu'en-dira-t-on, les ouï-dire, les cancans, *les ragots	de bonne source = straight from the horse's mouth = de source sure
6. affreux	awful, dreadful ≠ marvellous	*moche = crummy, effroyable = dreadful, lamentable, épouvantable, dégoutant, **dégueulasse = lousy	inouï, du tonnerre, fantastique, extra, *génial, *dément
7. /bien habillé/*les frusques	/well-dressed, smart ≠ sloppy, slovenly /duds, clothes	/élégant, chic, coquet, *bien fringué, *nippé /*les nippes	vêtu de guenilles, habillé comme l'as de pique = Little Orphan Annie, débraillé
8. blafard	sallow, sullen (*palot = pale)	jaune comme un coing, tiré = taut, blême, avoir une mine de papier mâché	
9. /la bourse/un act- ionnaire/les valeurs	/the stock-exchange/a shareholder/assets	/les actifs	les passifs = liabilities
10. /les restes/cru (food)	/leftovers/raw	réchauffer = to heat up	cuit = cooked
11. to move	/emménager (in)/ déménager (out)/ bouger	être ému = to be moved	

VOCABULARY

	TRANSLATION	SYNONYM	OPPOSITE-ASSOCIATED
1. rougir		–	–
2. /salut! /saluer	– –	/ –	/ – –
3. j'ai honte		–	– –
4. serré		–	–
5. maladroit		– –	–
6. /ravissant/mignon		/ – – – –	/ – – – – –
7. /le caoutchouc/ l'acier/le charbon/ le fer	– – – –		
8. déserté		–	
9. casual	/ /	/ – –	/ – / –
10. /collines/vallées	– –		
11. /un remède/a routine check-up	– –		–
12. a set-up	/ /		
13. réparer		– –	– –

53

VOCABULAIRE

	TRADUCTION	SYNONYME	CONTRAIRE-ASSOCIE
1. rougir	to blush	*piquer son fard, devenir rouge comme une tomate/un écrevisse	pâlir, être pâlot
2. /salut! /saluer	/hello! , hi! ≠ see'ya /to greet	bonjour!	/ciao! ; à tout à l'heure = see you later, au plaisir = so long, à bientôt
3. j'ai honte	I'm ashamed ≠ proud	je suis confus	je suis fier, j'ai le triomphe facile = to gloat
4. serré	tight ≠ loose	étriqué, juste	trop large
5. maladroit	awkward, clumsy	lourdaud, pataud, *godiche, dégingandé	graceful = gracieux, adroit
6. /ravissant/mignon	/gorgeous, stunning /cute	/très beau, magnifique, *terrible, *du tonnerre, épatant, attirant, joli, splendide, superbe	/laid, affreux, horrible, *moche, vilain, hideux *atroce, abominable, *ne paie pas de mine
7. /le caoutchouc/ l'acier/le charbon/ le fer	/rubber,/steel/coal/ iron		
8. déserté	deserted	abandonné, délaissé	
9. casual	/sport (clothes) ≠ habillé/sans façon	/simple, sans simagrée, d'une manière décontractée	maniéré = formal
10. /collines/vallées	/hills/valleys		
11. /un remède/a routine check-up	/a cure, remedy/une visite médicale/un contrôle de routine	/faire une cure = to go for treatment	/une rechute = relapse, une récidive
12. a set-up	/un couvert (restaurant)/une situation		
13. réparer	to fix, repair	rafistoler, repriser = to mend, rabibocher	to break = casser, déglinguer, démolir

54

VOCABULARY

	TRANSLATION	SYNONYM	OPPOSITE-ASSOCIATED
1. /les parents/les beaux-parents/ belle-mère	– – –		–
2. être tout feu tout flamme		–	
3. marmonner		–	
4. avouer		–	–
5. en plein air		–	–
6. un couvercle		–	
7. to be cracked	/ /	/ – / –	
8. mûr			–
9. /une roue/un pneu	– –		
10. se défier		–	–
11. /une ficelle/un nœud	– –	/ –	
12. /on m'attend là/je m'y attendais	– –		
13. it's (he's) a money-maker	/ /		
14. /pourvu que/à tort ou à raison	– –	–	
15. /baignoire/une douche/les W.C.	– – –		
16. /en gros (ventes)/ le réseau	– –		/ –

VOCABULAIRE

	TRADUCTION	SYNONYME	CONTRAIRE-ASSOCIE
1. /les parents/les beaux-parents /belle-mère	/parents/relatives/ in-laws/mother-in-law or step-mother	le plus proche parent = next of kin	beau-père = father-in-law
2. être tout feu tout flamme	to be eager, anxious	j'ai hâte de, je suis pressé de	
3. marmonner	to mutter, murmur	bredouiller, marmotter	
4. avouer	to confess, to admit ≠ to conceal	confesser, admettre	cacher, dissimuler = to hide
5. en plein air	outdoors, outside	à l'extérieur, dehors	dedans = indoors, à l'intérieur
6. un couvercle	a cover	une boîte de = a can of	
7. to be cracked	/être craqué/avoir perdu la boule	/fendu = split, scinder /être fou/*dingue	
8. mûr	ripe	mûrir	green = vert
9. /une roue/un pneu	/a wheel/a tire	a flat = crevaison	
10. se défier	mistrust ≠ trust	se méfier	avoir confiance = to be reliable = être digne de confiance
11. /une ficelle/un nœud	/a string, cord/a knot	/une corde, un fil de fer = wire	
12. /on m'attend là/je m'y attendais	/I'm due there/I expected it		inattendu = unexpected
13. it's (he's) a money-maker	/c'est une belle affaire /c'est un vrai homme d'affaires	wheel and deal = brasser des affaires	
14. /pourvu que/à tort ou à raison	/provided that/ justly or not	si, à condition que	
15. /baignoire/une douche/les W.C.	/a bath/a shower/the bathroom	la salle de bain = bathroom, *le petit coin, *les waters, les cabinets	
16. /en gros (ventes)/ le réseau	/wholesale/network		retail = au détail

VOCABULARY

	TRANSLATION	SYNONYM	OPPOSITE-ASSOCIATED
1. odd	/ /	/ – –	/ –
2. flâner		/ – – –	
3. /la blanchisserie/le teinturier/le linge	– – –		
4. background	/ /	/ –	
5. an alarm-clock	–		
6. être jaloux		–	
7. un timbre	–		
8. /I gather so/figure-toi! /escompter	– – –	/ –	
9. on nous a berné		– –	–
10. sur les nerfs		– – – –	– –
11. a hangup	–	– –	

VOCABULAIRE

	TRADUCTION	SYNONYME	CONTRAIRE-ASSOCIE
1. odd	/impair/bizarre, insolite	/étrange, drôle, curieux, insolite, campy = excentrique, fou-fou, baroque	/even = pair
2. flâner	to wander (to prowl = rôder)	errer, *se balader, se promener, baguenauder, se traîner, prendre l'air, *battre le pavé, déambuler	
3. /la blanchisserie/le teinturier/le linge	/laundry/cleaners/ laundry	la blanchisseuse = washerwoman	
4. background	/l'arrière-plan (tableau)/le curriculum vitæ	/les bagages	
5. an alarm-clock	un réveil-matin	se réveiller = to wake /get up	fall asleep = s'endormir, se coucher = go to sleep
6. être jaloux	to be envious	être envieux, envier	
7. un timbre	stamp (un pneumatique = express letter	l'affranchissement = postage	
8. /I gather so/figure-toi! /escompter	/je suppose, je crois que oui/imagine! /to reckon	/j'imagine, censé = supposed to	
9. on nous a berné	we were deceived, fooled	*on nous a eu, *on s'est fait avoir, *on s'est payé notre tête	he was fair = il a été correct
10. sur les nerfs	uptight, tense (surmené = overwrought)	tendu, les nerfs en pelote, en boule, à bout de nerfs, tracassé, énervé, crispé, avoir les nerfs à fleur de peau	décontracté = détendu, loose, il ne s'en fait pas = he's cool
11. a hangup	un complexe	être complexé = self-conscious, avoir des complexes	

58

VOCABULARY

	TRANSLATION	SYNONYM	OPPOSITE-ASSOCIATED
1. alimony	—		
2. se raser	—		
3. /un ascenseur /staircase	— —		
4. mal à l'estomac			
5. mince		— — —	— — —
6. /*un gosse/une fes-sée	— —	/ — — —	
7. to settle	/ / /		
8. une poursuite	—		
9. le train-train quotidien		—	
10. /lawyer/un procès /un porte-parole	— — —		
11. to make a date	—	—	—
12. *il a du culot		— — — —	
13. a line	/ — — / —	/ — / —	

VOCABULAIRE

	TRADUCTION	SYNONYME	CONTRAIRE-ASSOCIE
1. alimony	une pension alimentaire	la garde = custody	
2. se raser	to shave	un rasoir = razor, la lame = blade	
3. /un ascenseur /staircase	/elevator/un escalier		
4. mal à l'estomac	upset stomach	mal au ventre, *au bide	
5. mince	slender, skinny, beanpole, toothpick, broomstick ≠ fat	dégingandé, comme un fil de fer, élancé, *une grande bringue, svelte	gros, rond, boulot = butterball, dodu, stout = costaud, robuste, gaillard, un malabar = a he-man
6. /*un gosse/une fessée	/kid (tot = un môme) /spanking	/un gamin, *un petiot, *un mouflet, *une mioche, *un moutard, un lardon, *un loupiot	un grande personne = adult
7. to settle	/régler/trancher/classer	to clinch a deal = boucler une affaire	
8. une poursuite	a chase	une chasse	
9. le train-train quotidien	the daily routine, grind (*boulot =work)	la routine, *métro-boulot-dodo	
10. /lawyer/un procès /un porte-parole	/un avocat/legal case/ spokesman	*un bavard = mouthpiece	
11. to make a date	/fixer, prendre rendez-vous	prendre un rencart, (un rencart = a heavy date)	décommander = to cancel
12. *il a du culot	to have guts, nerve, to be brazen = *être culotté	il a du toupet, de l'aplomb, quelque chose dans le ventre, *des tripes, *il est gonflé, effronté	être timoré
13. a line	/une discipline, un métier, un domaine, /*un baratin, boniment	/sphere of action = le champ d'activité, *faire du plat	play it straight = jouer franc jeu

60

VOCABULARY

	TRANSLATION	SYNONYM	OPPOSITE-ASSOCIATED
1. répandu		– –	–
2. une demeure		– –	
3. a study	/ /		
4. cela passe inaperçu		–	– –
5. être coriace		–	–
6. a nail	/ /		
7. /le trottoir/le caniveau/la gouttière	– – –		
8. /passer un examen /réussir un examen	– –		/ – –
9. /un tiroir/une étagère/un placard	– – –		
10. a heel	/ /	/ –	
11. soustraire		–	–
12. /pousser un cri/ shriek	– –	/ – – –	
13. /*5 balles/*du fric/ *une brique	– – –	/ – – – –	
14. engourdi	–		
15. avertir		– – –	

61

VOCABULAIRE

	TRADUCTION	SYNONYME	CONTRAIRE-ASSOCIE
1. répandu	widespread, spread ≠ limited	étendu, faire tache d'huile, étalé	limité, restreint, borné
2. une demeure	dwelling, lodging	logement, immeuble, logis	
3. a study	/une étude/une bibliothèque, (dans la maison)		
4. cela passe inaperçu	it's inconspicuous ≠ striking	sans relief, fade	se fait remarquer, très visible, c'est frappant
5. être coriace	tough, hard-cookie	être un dur à cuire	softy = avoir bon cœur
6. a nail	/un clou/un ongle		
7. /le trottoir/le caniveau/la gouttière	/sidewalk/curb/gutter	la chaussée = street	
8. /passer un examen /réussir un examen	/to take an exam/to pass an exam	être reçu à un examen = to pass	/rater, échouer, être recalé à un examen
9. /un tiroir/une étagère/un placard	/drawer/shelf/closet	une garde-robe = wardrobe	
10. a heel	/un talon/un filou	un scélérat	
11. soustraire	to subtract	enlever	ajouter, additionner
12. /pousser un cri/ shriek	/to shout, roar = mugir/un cri perçant	/crier, *brailler, hurler, *beugler = bellow vociférer, **gueuler	gémir = moan
13. /*5 balles/*du fric/ *une brique	/5 francs/bread, dough /a grand (*un sac = 2 bucks or about £1)	/*pognon, *pèse, *oseille, *galette, *du blé, *du flouse, avoir du pécule, des sous *braise, *des ronds	je suis fauché = I'm broke
14. engourdi	numb	endormi, ankylosé	
15. avertir	to warn	mettre en garde, prévenir, informer, mettre au courant	

VOCABULARY

	TRANSLATION	SYNONYM	OPPOSITE-ASSOCIATED
1. /ramper/à quatre pattes/sur la pointe des pieds	– – –		–
2. I never dreamed that	–	–	
3. un jargon		–	
4. en suspens		–	
5. ne me ménagez pas!		– – –	–
6. feuilleter		–	–
7. /un fardeau/un soulagement/une épreuve	– – –		/ –
8. fracasser		– –	
9. un noceur		– –	– –
10. le fond (du problème)	–		
11. /un tourne-disque /un haut-parleur/le meneur de jeu	– – –		

VOCABULAIRE

	TRADUCTION	SYNONYME	CONTRAIRE-ASSOCIE
1. /ramper/à quatre pattes/sur la pointe des pieds	/to creep/on all fours /on tip-toe	glisser	
2. I never dreamed that	je ne me doutais pas que	je ne l'avais jamais envisagé	je m'en doutais = I thought as much
3. un jargon	lingo	un patois = dialect, un baragouin, charabia, galimatias	
4. en suspens	in abeyance, pending	en attente, non réglé = hanging	
5. ne me ménagez pas!	don't mince words, pull punches, be frank, to talk turkey = parler franchement = mettre le marché en main	soyez franc, dites-le moi carrément, n'y allez pas par quatre chemins, dites-le tout net, de but en blanc, ne parlez pas en normand	il n'y est pas allé avec le dos de la cuillère = he didn't pull any punches
6. feuilleter	to browse	parcourir, survoler	lire avec soin = to peruse
7. /un fardeau/un soulagement/une épreuve	/a burden/a relief/an ordeal	une charge	une joie = a joy
8. fracasser	to smash, crash	a wreck = une épave, briser, démolir, écraser, écrabouiller	
9. un noceur	a high-stepper, gay blade ≠ a gloomy gus, party-pooper	un joyeux drille, un luron, un fêtard, play-boy	trouble-fête = kill-joy, wet blanket = un rabat-joie, faire une longue figure = long-faced, un ascète, bonnet de nuit = sad sick, un empêcheur de danser en rond
10. le fond (du problème)	the core, heart	le nœud	
11. /un tourne-disque /un haut-parleur/le meneur de jeu	/record player/loud speaker/the M.C., the emcee	/un électrophone, l'animateur	

VOCABULARY

	TRANSLATION	SYNONYM	OPPOSITE-ASSOCIATED
1. she's dizzy	/ /	/ – – –	/ –
2. une remarque cinglante		– – – –	–
3. monter en flèche		– – –	– –
4. /servir de tremplin /un débouché/le cadre de référence	– –	/ –	
5. une garçonnière	–	–	
6. token	/ /		
7. *c'est une belle nana		– – – –	– –
8. endosser	/ /		
9. /harceler qn./ taquiner	– –	– – –	

VOCABULAIRE

	TRADUCTION	SYNONYME	CONTRAIRE-ASSOCIE
1. she's dizzy	/elle est étourdie/elle a le vertige	/tête de linotte, en l'air, olé-olé, écervelé, farfelu, fo-folle, hurluberlu, n'a pas de plomb dans la tête	/elle est réfléchie, posée
2. une remarque cinglante	a dig, a cut, a stab, jab, knife in the back, she has a sharp tongue = elle a une langue de vipère	un camouflet, un coup dans le dos, un mot mordant, une pierre dans son jardin, *lancer, *décocher des piques, des mots à emporte-pièce	*jeter des fleurs à qn. = sing s.o.'s praises
3. monter en flèche	to soar, surge, hike up, to be brisk = actif	hausser les prix et les valeurs, les prix grimpent, majorer les prix	slack = marasme, baisser, fléchir, les prix dégringolent
4. /servir de tremplin /un débouché/le cadre de référence	/to be a stepping stone, jumping-off point/outlet/the frame of reference	/être un point de départ, une base, une pierre de touche/le point de repère	
5. une garçonnière	a pad, digs	*ma turne, *ma carrée, *ma piaule, mon antre	
6. token	/un jeton/un geste (cadeau)		
7. *c'est une belle nana	she's a knockout, really something = elle est du tonnerre	*c'est une belle pépée, *une belle fille, *elle a du chien = she's got it, *c'est une belle souris = cute trick	she's a dog = *un boudin, *un remède, contre l'amour, *moche
8. endosser	/to endorse a check /to endorse a candidate	/endosser un chèque/ soutenir une candidature	
9. /harceler qn./ taquiner	to nag, needle, ride = talonner/to tease (to rib = asticoter)	/bassiner qn., asticoter, tarabuster, agacer, s'acharner contre/ chiner, faire enrager qn.	fichez-moi la paix = let me alone

VOCABULARY

	TRANSLATION	SYNONYM	OPPOSITE-ASSOCIATED
1. une toquade	–	–	
2. une bête noire	–		
3. un bristol		–	
4. ne pas se soucier de		– –	–
5. /to imply/the impact	– –		
6. un sort		– –	
7. /une chaîne de montage/fabriquer à la chaîne/le rendement	– – –	/ –	/ –
8. escroquer qn.		– – – – – –	–
9. /un chèque sans provision/to give a deposit/la caisse d'épargne	– – –	–	
10. /typist/shorthand typist, stenographer /une coquille	– – –		

VOCABULAIRE

	TRADUCTION	SYNONYME	CONTRAIRE-ASSOCIE
1. une toquade	it's a fad, craze, tendency, trend	le truc du moment, c'est dans le vent	
2. une bête noire	pet peeve, aversion	point noir = snag	
3. un bristol	business card	une carte de visite	
4. ne pas se soucier de	to be aloof ≠ concerned, involved	ne pas être concerné prendre ses distances, se tenir à l'écart	être impliqué, concerné
5. /to imply/the impact	/vouloir dire, laisser entendre, impliquer/ l'effet		
6. un sort	a hex, jinx, to throw a spell on = jeter un sort	un anathème, porter la poisse = to hex, être envoûté = in a spell	
7. /une chaîne de montage/fabriqué à la chaîne/le rendement	/an assembly-line/mass-produced ≠ handmade/the output	/travail à la chaîne en série	/à la pièce, fait main
8. escroquer qn.	to swindle s.o., to cheat = tricher, souffler, con, gyp, fleece = manger de la laine sur le dos de qn., hustle = faire marcher qn.	berner qn., *blouser, emberlificoter qn., *embobiner, entortiller, rouler, faire une entourloupette, mener en bateau, *avoir qn., embezzle = détourner	*être chocolat, *marron = to be cheated = se faire avoir (posséder)
9. /un chèque sans provision/to give a deposit/la caisse d'épargne	/bounced check (chèque) /verser des arrhes/savings bank	/à découvert, faire un chèque = to make out/cash down = un accompte (instalment = un versement)/checking (bank) account = compte en banque	/to pay cash = payer en espèce, to withdraw = retirer de l'argent
10. /typist/shorthand typist, stenographer /une coquille	/une dactylo/une sténo/a misprint	/a gal Friday: no equivalent/une faute de frappe	

VOCABULARY

	TRANSLATION	SYNONYM	OPPOSITE-ASSOCIATED
1. un lève-tôt		— —	—
2. /tournoyer/twist	— —	/ — — —	
3. to blackball s.o.	—		
4. au hasard	—		
5. florissant		— —	— —
6. presbyte			— —
7. faire contrepoids		— —	
8. enflé		— —	
9. singer qn.		— —	
10. *avoir de la bedaine		— —	
11. *prendre un pot	—		
12. clean-cut (US), innocent-looking	—		—

VOCABULAIRE

	TRADUCTION	SYNONYME	CONTRAIRE-ASSOCIE
1. un lève-tôt	early bird ≠ night owl (couche-tôt = early to bed)	être du matin, se lever avec les poules, être matinal	être oiseau de nuit, noctambule, un couche-tard, un lève-tard
2. /tournoyer/twist	/to turn, spin, to reel = dévider/tordre	faire tourner rapidement, tourbillonner, pivoter	
3. to blackball s.o.	mettre sur la liste noire	mettre à l'index	
4. au hasard	at random	au petit bonheur, la chance = haphazardly	
5. florissant	thriving, prosperous ≠ shaky	en plein essor, prospère, marcher bien, prendre de l'ampleur, en pleine croissance	chancelant, aller à vau-l'eau, à la dérive
6. presbyte	farsighted ≠ near-sighted		myope (comme une taupe = blind as a bat)
7. faire contrepoids	to offset, counter-balance (make good = suppléer à)	compenser, contre-balancer, racheter = make up for, contre-peser	
8. enflé	swollen	bouffi, boursoufflé = bloated, gonflé, tuméfié	
9. singer qn.	to mimic, ape	mimer, imiter, parodier	
10. *avoir de la bedaine	a pot belly, belly = *bedon	avoir du ventre, *de la brioche, *prendre de la bouteille	
11. *prendre un pot	to have a drink	*un bock(beer)	
12. clean-cut (US), innocent-looking	frais	on lui donnerait le bon Dieu sans confession/propret	air d'un sale type = tough-looking, air de bandit.

VOCABULARY

	TRANSLATION	SYNONYM	OPPOSITE-ASSOCIATED
1. un escroc		– – – –	
2. amid	/ /	/ –	
3. le dernier délai		–	
4. faire mouche		– – –	– – –
5. *un péquenot	–	– –	
6. s'accrocher		– –	
7. /les denrées/un fournisseur/un achat/un entrepôt /la marque de fabrique	– – – – –	/ – / –	/ –
8. *il est cuit			
9. *raconter des bo-bards		– – –	–

VOCABULAIRE

	TRADUCTION	SYNONYME	CONTRAIRE-ASSOCIE
1. un escroc	a crook, a gangster (une petite frappe = small-time mobster)	un truand, *un voyou, un chenapan, une crapule, un vaurien, une fripouille, un scélérat, *un gredin, un fripon	
2. amid	/parmi/en plein	au milieu de	
3. le dernier délai	the deadline	le jour de l'échéance	
4. faire mouche	bull's eye, on the nose ≠ you're way off base	frapper/tomber pile/juste, taper dans le mille, toucher le point sensible = hit home	vous n'y êtes pas du tout, vous êtes très loin (du compte), en dehors de la plaque, vous manquez la cible, faire chou blanc
5. *un péquenot	he's a hick, from the sticks	il vient de sa cambrousse/*d'un trou, c'est un rustre, un *culterreux, *un bouseux, *plouc	un citadin = city dweller
6. s'accrocher	to cling, to grab	s'agripper à, se cramponner à = to latch on to, se tenir à, *choper	let go = lâcher
7. /les denrées/un fournisseur/un achat/un entrepôt /la marque de fabrique	/food goods/a supplier /purchase/warehouse /trademark	/les marchandises/un dépôt/une étiquette, une griffe = label	buyer = un acheteur, sale = vente
8. *il est cuit	his number's up, he's done for, his goose is cooked, he's had it	*fichu, son compte est bon, *il est fait comme un rat, *les carottes sont cuites/flambées	ça marche fort pour lui
9. *raconter des bobards	to fib, to lie, a white lie = pieux (tall stories = les histoires marseillaises)	mentir, *avoir le nez qui remue, raconter, des craques, affabuler, c'est un tissu de mensonges = pack of lies	dire vrai/la vérité

VOCABULARY

	TRANSLATION	SYNONYM	OPPOSITE-ASSOCIATED
1. des haillons		– –	
2. plat	/ /	/ – –	/ – / –
3. il est malicieux		– – –	–
4. a puppet	/ /	/ – / –	
5. *je crève de faim		– – – –	– – –
6. embaucher qn.		– –	– – – –
7. un pot de vin		– – –	
8. un revers		–	–

73

VOCABULAIRE

	TRADUCTION	SYNONYME	CONTRAIRE-ASSOCIE
1. des haillons	rags	des guenilles, en loques = in rags, en lambeaux, des hardes, des oripeaux, enguenillé	tiré à quatre épingles = spruced up
2. plat	/bland, mild/level ≠ steep	/sans goût, sans saveur, insipide	/pimenté = spicy, relevé/escarpé, raide
3. il est malicieux	mischievous, a rascal (a brat = un petit monstre)	un polisson, coquin, espiègle, vilain, un fripon, *un affreux jo-jo	sage comme une image = good as gold
4. a puppet	/une marionette, un pantin, le guignol, un gouvernement fantoche	/a marionette/a figurehead = un prête-nom	
5. *je crève de faim	I'm starving ≠ full, stuffed	je meurs de faim, *j'ai l'estomac dans les talons, *la fringale, crier famine, je suis affamé, j'ai un creux dans l'estomac, *les crocs, *la dalle, le ventre creux, *la dent	*je cale, je suis rassasié, je n'en peux plus, j'ai assez mangé, je suis repu, *bourré, *j'ai le ventre plein, je me suis bien régalé
6. embaucher qn.	to hire s.o. ≠ lay off (sack = saquer, oust = balancer)	nommer, engager, enrôler, recruter	congédier, renvoyer, limoger, *virer, *larguer, remercier, mettre à la porte, licencier, donner son compte à qn., destituer, *déboulonner qn.
7. un pot de vin	a bribe, a kickback, a rake off, to pay off s.o.	un dessous de table, une ristourne illicite, soudoyer = *graisser la patte = to bribe = arroser	
8. un revers	setback ≠ /step forward	un pas en arrière	un pas en avant

VOCABULARY

	TRANSLATION	SYNONYM	OPPOSITE-ASSOCIATED
1. /les frais généraux/ l'entretien	– –		
2. trier sur le volet	–		
3. ce n'est pas juste		–	–
4. un temps d'arrêt		–	
5. *être borné		– – –	–
6. for her sake	–		
7. être brusque		–	
8. /le trac/une première – (de théâtre)/un comédien	– – –		
9. une canaille		– – –	
10. shabby		– – –	–
11. le prénom			–
12. un calembour		–	
13. trébucher		– – –	
14. dédaigner		– – –	–

VOCABULAIRE

	TRADUCTION	SYNONYME	CONTRAIRE-ASSOCIE
1. /les frais généraux/ l'entretien	/the overheads/up-keep	les frais de maintien	
2. trier sur le volet	to hand-pick, choose	sélectionner, choisir = pick out	
3. ce n'est pas juste	it's not fair	ce n'est pas correct	c'est honnête, c'est correct, juste
4. un temps d'arrêt	a respite, a break	une pause, un répit	
5. *être borné	narrow-minded, bigoted ≠ open-minded	avoir l'esprit étroit, étriqué, avoir des œillères, *être bouché	être large d'esprit, ouvert
6. for her sake	pour son bien	pour elle	
7. être brusque	to be curt	être sec, brutal	
8. /le trac/une première − (de théâtre)/un comédien	/stagefright/an opening/an actor	/l'ouverture, la générale/acteur (un comique = comedian)	
9. une canaille	swindler, con-man = filou	roublard, chevalier d'industrie, un madré, hustler = sacré malin, wheeler-dealer = embobineur = brasseur d'affaires	
10. shabby	en mauvais état ≠ well kept-up	usé, râpé, limé, abîmé	en bon état, bien entretenu
11. le prénom	first ≠ last name	nickname = petit nom	nom de famille (nom de jeune fille = maiden name)
12. un calembour	pun, play on words	un jeu de mots	
13. trébucher	to stumble (to trip s.o. = faire un croc-en-jambe)	chanceler, vaciller, tituber, faire un faux pas, buter	
14. dédaigner	to snub, look down on, look down one's nose at	snober, regarder de haut, mépriser, narguer, mésestimer	traiter avec égards, estimer, admirer

VOCABULARY

	TRANSLATION	SYNONYM	OPPOSITE-ASSOCIATED
1. à l0 contre un	–	–	–
2. to split	/ / / /	/ – – – –	
3. la tarte à la crème	–		
4. trite		–	
5. distrayant		– – – – –	– –
6. trempé jusqu'aux os		–	–
7. une trêve		–	
8. /le milieu, /le meneur/la chaise électrique	– – –		
9. faire tapisserie		–	–
10. bavarder		– – –	
11. sacrebleu!		– – – – –	

VOCABULAIRE

	TRADUCTION	SYNONYME	CONTRAIRE-ASSOCIE
1. à 10 contre un	a long shot = a sporting chance	une chance sur mille, c'est peu probable	les chances sont égales, dans le sac = a sure thing, dans la poche
2. to split	/divorcer, séparer/ partager, diviser/ fendre, craquer, scinder/se sauver, filer	/*mettre les voiles,*les bouts, *se tailler, *se casser, *se tirer, *se barrer, *se calter, *se faire la malle	to show up = *se pointer, se rappliquer, radiner
3. la tarte à la crème	slapstick	la facétie, la farce	
4. trite	banal	bidon = hammy, le cabotinage, ham = cabot	
5. distrayant	entertaining, amusing, funny, a riot	funny = rigolo, *marrant, amusant, divertissant, comique, drôle, *crevant, *bidonnant, *tordant, *poilant	*barbant, *rasoir, *empoisonnant, *suant
6. trempé jusqu'aux os	soaked, doused ≠ dry	mouillé, trempé comme une soupe, *se faire saucer	sec, humide = damp
7. une trêve	a truce, lull	une accalmie	
8. /le milieu, /le meneur/la chaise électrique	/the underworld/the ringleader/hot seat		
9. faire tapisserie	a wallflower	faire galerie	the life of the party = le boute-en-train
10. bavarder	to talk (a chat, rap (US) = une causerie), to shoot the breeze, chatter	*jacter, *tailler une bavette, *jacasser, *papoter, parler à tort et à travers	se taire = to say nothing, ne pas piper = not to say boo
11. sacrebleu!	my Lord! , man = bougre! my goodness = nom d'un chien, good grief = nom de nom	bon sang! , mon Dieu! ciel! diable! , pardi! , sapristi! , parbleu! , *la vache! , juste ciel	

VOCABULARY

	TRANSLATION	SYNONYM	OPPOSITE-ASSOCIATED
1. /to be scarce/a lack /il me manque 10 fr.	– – –		/ –
2. s'évanouir		– – –	–
3. a junkie		–	–
4. un bizuth			–
5. elle se fait des illusions		–	
6. malin (comme un singe)		– – –	
7. la cadence		–	
8. un gros morceau		–	
9. /avoir une bonne critique/to review /une critique	– – –	/ – –	/ –
10. allécher qn.		–	
11. s'effondrer		– –	
12. bailler	–		
13. une esquisse		– –	

VOCABULAIRE

	TRADUCTION	SYNONYME	CONTRAIRE-ASSOCIE
1. /to be scarce/a lack /il me manque 10 fr.	/être rare, peu fréqu-ent/un manque/I'm 10 fr. short	money is tight = l'argent ne circule pas, la pénurie = shortage	treize à la douzaine = a dime a dozen, une série de, un ensemble de = a set of, de trop = too much
2. s'évanouir	to faint, out cold = *tomber dans les pommes, *les vapes	se pâmer, avoir une syncope, défaillir = to swoon, *tourner de l'œil	revenir à soi, reprendre ses sens/ses esprits
3. a junkie	un drogué	un défoncé, un toxi-comane	un trafiquant = dealer
4. un bizuth	a freshman ≠ senior	être inscrit en première année d'école	être en dernière année, en terminale
5. elle se fait des illusions	she's kidding herself	*elle se monte le bonnet, *croit au père Noël	
6. malin (comme un singe)	cunning, artful	fin, renard, fine mou-che, futé, sournois, retors	
7. la cadence	pace, rate	le rythme	
8. un gros morceau	a hunk, chunk	un quignon (pain)	
9. /avoir une bonne critique/to review /une critique	/to have rave notices, good reviews/faire une critique/a write-up	avoir un succès incon-testé, des critiques enthousiastes, une bonne presse	to be panned = être démoli/descendu
10. allécher qn.	to induce, to coax = amadouer	faire miroiter	
11. s'effondrer	to collapse, to cave in	s'affaisser, se désin-tégrer, s'effriter	to hold = tenir
12. bailler	to yawn	*ouvrir un four	
13. une esquisse	an outline, sketch, un topo = a brief	les grandes lignes, un schéma	

VOCABULARY

	TRANSLATION	SYNONYM	OPPOSITE-ASSOCIATED
1. /le taudis/la zone	– –	/ – – / –	/ –
2. un cadeau	–		
3. faire des courbettes		– – – –	
4. /un fossé/un trou	– –	/ –	
5. prendre de l'avance			–
6. /a clue/broad hint /hot tip/to hint	– – – –	/ – / –	
7. battre son plein		– –	– –
8. /avare/mesquin	– –	/ – / –	
9. pas très catholique		–	–
10. /une crevette/un homard	– – –		

VOCABULAIRE

	TRADUCTION	SYNONYME	CONTRAIRE-ASSOCIE
1. /le taudis/la zone	/a shack, tenement/ skid row, slums	/une cambuse, une masure, une baraque, un bidonville, une case, *une bicoque, une cahute, /les bas-fonds	/un hôtel particulier = townhouse
2. un cadeau	a gift	offrir = to give	
3. faire des courbettes	to kowtow, to cater to, être attentionné = aux petits soins	être à plat ventre, lécher les bottes, flatter, *faire de la lèche, ramper, se prosterner, courber l'échine devant qn., *passer de la pommade = to butter up, dire du bien	
4. /un fossé/un trou	/a gap, rift = une fissure/a hole	un gouffre, une brèche	
5. prendre de l'avance	to be ahead ≠ behind		prendre du retard
6. /a clue/broad hint /hot tip/to hint	/un indice/une allusion évidente/un bon tuyau/laisser entendre	/une intuition, un pressentiment = hunch, une insinuation, une allusion peu voilée/ faire un appel du pied, à mots couverts	un tuyau crevé = a bum steer, false information
7. battre son plein	it's swinging, jumping	cela s'anime, ça chauffe, ça bouge	c'est mort, c'est mortel
8. /avare/mesquin	/greedy/petty (to hoard = amasser)	/avide/sparing = chiche, regardant	faire des folies
9. pas très catholique	not very kosher, monkey business	du fricotage, louche = fishy, du chahut = horseplay, *bidon = monkey business, *ce n'est pas folichon	sans restrictions = on the level, sans équivoque, en tout bien tout honneur, on the up and up, très sérieux
10. /une crevette/un homard	/shrimp/lobster	une langouste, une langoustine = small lobster	

VOCABULARY

	TRANSLATION	SYNONYM	OPPOSITE-ASSOCIATED
1. *du pinard	–	–	
2. /District Attorney (US), public prosecutor/attorney general	– –		
3. raisonneur	–	–	
4. *chaparder		– – – –	
5. la propriété littéraire	–		
6. être frêle		– –	–
7. mettre au clou	–	–	
8. entraver		– – – –	
9. un banlieusard			–
10. les loisirs		–	
11. un abonnement	–		

VOCABULAIRE

	TRADUCTION	SYNONYME	CONTRAIRE-ASSOCIE
1. *du pinard	wine, booze, schnapps	*le gros rouge, *le pinard, *le picrate, *la piquette, *tord-boyaux	
2. /District Attorney (US), public prosecutor/attorney general	/le Procureur de la République/le Ministre de la justice		
3. raisonneur	argumentative	to pick an argument = chercher chicane à qn., chercher noise à qn.	
4. *chaparder	to steal (shoplift = vol à la tire, to loot = piller, le butin = loot)	voler, *carotter, dévaliser, cambrioler = break in, *chiper, *faucher = *barboter = lift, souffler, *piquer ratiboiser	
5. la propriété littéraire	copyright	rights = les droits	
6. être frêle	frail, fragile	délicat, fragile, faible, chétif	sturdy = solide, vigoureux, costaud, robuste
7. mettre au clou	to hock (pawnbroker = un prêteur sur gages)	mettre au Mont de Piété	
8. entraver	hinder, impede (restrict = restreindre)	ralentir, empêcher, contrecarrer, déjouer = foil, se mettre en travers, freiner = curb, encombrer, mettre des bâtons dans les roues, contrarier = to thwart, *tirer dans les pattes de qn.	laisser faire, aider = help, donner un coup de main = give s.o. a helping hand
9. un banlieusard	suburbanite ≠ city dweller		citadin
10. les loisirs	leisure, free time	les moments de repos	
11. un abonnement	a subscription	subscribe to = s'abonner à	

VOCABULARY

	TRANSLATION	SYNONYM	OPPOSITE-ASSOCIATED
1. être nu (comme un ver)		–	
2. un drôle d'oiseau		– – – – – –	
3. récolter		– –	
4. haïr		– – –	– – –
5. les grandes écoles	–		
6. congratulations		–	
7. brainwashing	–	–	
8. parler petit nègre	–		
9. a cast	/ /		
10. offhand	/ /	/ –	
11. faire concurrence		–	
12. /huer/un rappel	– –	–	/ – –

VOCABULAIRE

	TRADUCTION	SYNONYME	CONTRAIRE-ASSOCIE
1. être nu (comme un ver)	bare, nude, stark-naked	in one's birthday suit = en tenue d'Adam, en petite tenue	
2. un drôle d'oiseau	queer duck, an odd-ball, oddfish	un drôle de type, de *numéro, *de lascar, *de mec, *de rigolo, *de zigoto, *un énergumène, drôle de ouistiti, un cas, *un drôle de zig	
3. récolter	to reap, yield = rendre	cueillir, rapporter, ramasser	
4. haïr	to loathe, hold in contempt (mépriser) ≠ wild about	détester, ne pas sentir, abhorrer, exécrer, abominer, avoir en horreur	avoir le béguin, s'enticher de, s'emballer pour, être fou de, *toqué, raffoler de
5. les grandes écoles	Ivy League Schools (US), Harvard, Yale, Princeton), Oxbridge (Oxford and Cambridge Universities)	ENA, Polytechnique; Ecole Normale Supérieure, Centrale, H.E.C Sciences PO., etc.	
6. congratulations	félicitations	*chapeau!	
7. brainwashing	le lavage de cerveau		
8. parler petit nègre	to speak broken English		couramment = fluently
9. a cast	/un plâtre (plaster)/ une distribution (play)		
10. offhand	/sans gêne/sans savoir vraiment	/d'une manière désinvolte	
11. faire concurrence	to compete	rivaliser avec	
12. /huer/un rappel	/to boo ≠ applaud/ curtain call	siffler	applaudir, bisser, *faire la claque

VOCABULARY

	TRANSLATION	SYNONYM	OPPOSITE-ASSOCIATED
1. *une bonne poire		– – – –	–
2. /une facture trafiquée/un devis	– –	/ –	
3. un accroc		– – – –	
4. être corrompu		– – –	– –
5. c'est dans l'impasse		– – –	– –
6. critiquer		– –	–
7. il fait bande à part		– –	–
8. /la rougeole/la variole/la coque-luche	– – –		
9. ça m'emballe		– – – – –	– – –

VOCABULAIRE

	TRADUCTION	SYNONYME	CONTRAIRE-ASSOCIE
1. *une bonne poire	a sucker, a chump, to be gullible = être crédule	*une bonne pâte, le dindon de la farce, il gobe n'importe quoi, *c'est un pigeon, *gogo	il ne se laisse pas faire = he's no push over, je ne marche pas = I don't buy it = ça ne prend pas avec moi
2. /une facture trafiquée/un devis	/fixed-up bill, invoice, /a rough estimate	/maquillée	
3. un accroc	a hitch, snag, rub, pitfall, fly in the ointment (a catch = une faille)	une anicroche, *de l'eau dans le gaz, c'est là l'ennui, ce qui ne colle pas, *il y a un os	tout marche à merveille
4. être corrompu	corrupted, crooked = véreux	être louche, douteux, vénal, pourri, avili, perverti	honnête, droit, loyal, brave = decent
5. c'est dans l'impasse	a deadlock, a standstill	au point mort, en arrêt, en panne, un cul de sac = a deadend = impasse	breakthrough = une ouverture, une percée, au beau fixe = hunky-dory
6. critiquer	to criticize, to knock = éreinter qn.	dénigrer, remettre qn. à sa place = to put s.o. down, clouer le bec à qn. = to shut s.o. up, descendre	louer = to praise, porter aux nues
7. il fait bande à part	a lone wolf	c'est un misanthrope, un solitaire, sauvage	a hanger-on = un sangsue
8. /la rougeole/la variole/la coqueluche	/measles/smallpox/ whooping cough		
9. ça m'emballe	I dig it, it turns me on, it's my thing, my bag, go in for it in a big way ≠ it turns me off	ça c'est pour moi, chic alors, c'est mon genre, *ça me botte, me va, me plaît, *me chante, chouette, c'est sympa/extra!	ça me refroidit, tu be put off = rebuter, répugner (repousser), to be cool on = ce n'est pas mon genre, *ça me débecte/*déglingue, *ça me défrise

VOCABULARY

	TRANSLATION	SYNONYM	OPPOSITE-ASSOCIATED
1. *pincer qn.		– – – –	–
2. *râler		– – – –	–
3. un petit malin		– –	
4. /un travailleur manuel/la direction		/ –	/ –
5. /chauve/le crâne	– –	/ – – –	/ –
6. /une vente aux enchères/ faire une offre	– –	–	
7. violer qn.		–	
8. être condamné		–	–
9. être réfléchi		– – –	

VOCABULAIRE

	TRADUCTION	SYNONYME	CONTRAIRE-ASSOCIE
1. *pincer qn.	to nab, catch, pinch, bust, pull in	prendre, mettre la main dessus, *mettre le grapin dessus, *piquer, *agrafer, arrêter, *coffrer, épingler, *choper, cueillir, *boucler	relâcher qn. = to let go, mettre en liberté
2. *râler	to grumble, complain, gripe, bellyache (bouder = to brood)	grommeler, se plaindre ronchonner, rouspéter, grogner, *rouscailler, *bougonner	être ravi, content
3. un petit malin	a smart aleck, a wise guy (a wisecrack = *une vanne, *une vacherie)	un Monsieur Je Sais-Tout, celui qui a réponse à tout	
4. /un travailleur manuel/la direction	/a blue-collar worker /the management	/le conseil d'admini-stration = board of directors	/un ouvrier ≠ un cadre = executive
5. /chauve/le crâne	/bald/skull	/baldness = la calvitie, *avoir la boule à zéro, *être tout déplumé *ne pas avoir un poil sur le caillou, *avoir une boule de billard	hairy = poilu
6. /une vente aux enchères/ faire une offre	/an auction sale/to bid	une vente publique, à l'encan = au plus off-rant = to the highest bidder	
7. violer qn.	to rape	violenter	
8. être condamné	to be convicted ≠ acquitted, let off	(être gardé à vue = to be held), un condamné = a convict	être acquitté
9. être réfléchi	to be levelheaded	être un homme de bon sens, pondéré, raison-nable, sensé, avisé, posé, modéré	un coup de tête = on the spur of the moment, impétueux

VOCABULARY

	TRANSLATION	SYNONYM	OPPOSITE-ASSOCIATED
1. un bon augure			–
2. un grand manitou		– – – – –	– – – –
3. une vétille		– – –	
4. an affair	/ / /	/ –	
5. how's that?		– – –	
6. elle est enceinte		–	
7. /une petite annonce /ad man	– –		
8. *être radin		– – – – –	– – –
9. /*la bouffe/*bouffer	– –	/ – – –	/ –
10. a bite	/ /	/ –	

VOCABULAIRE

	TRADUCTION	SYNONYME	CONTRAIRE-ASSOCIE
1. un bon augure	a good omen		un mauvais augure/présage
2. un grand manitou	a big shot, big wheel ≠ small fry	un caïd, *une grosse huile, une grosse tête, *grosse légume, *un gros bonnet, un ponte, un as, le patron = boss	*un minus, minable, la cinquième roue du carrosse, *pauvre type, menu fretin, gratte-papier, sous-fifre, rond-de-cuir
3. une vétille	a trifle, détail	une bagatelle, une chose anodine, une broutille, peu de chose	faire des histoires = to make a fuss
4. an affair	/une aventure/une grande soirée/un grand scandale	/une liaison (des affaires = business)	
5. how's that?	qu'est-ce que vous entendez par là?	comment?, quoi? que voulez-vous dire?	
6. elle est enceinte	she's pregnant (she's due . . . c'est pour . . .)	elle attend un bébé	
7. /une petite annonce /ad man	/ad/un agent publici-taire	to advertise = faire de la publicité	
8. *être radin	to be stingy, cheap, tight ≠ spendthrift, blow money	avide, cupide, dur à la détente, pingre, rapiat, près de ses sous, regardant, économe = thrifty, faire des économies = to cut corners	gaspiller, *claquer, de l'argent, dilapider, faire sauter l'anse du panier, dépensier, l'argent lui coule entre les mains, être un panier percé
9. /*la bouffe/*bouf-fer	/chow, grub/to eat (*faire la popote = to cook)	/la nourriture, *la popote, *la mangeaille, *la tambouille, *béquetance, *la boustifaille, *la graille /*grailler, *croûter	ne rien avoir à se mettre sous la dent = to have nothing to eat, jeûner = to fast
10. a bite	/un casse-croûte/une morsure	/a nibble (grignoter = to nibble), un en-cas	un régal = a feast, treat

VOCABULARY

	TRANSLATION	SYNONYM	OPPOSITE-ASSOCIATED
1. un copain		– – –	– –
2. une gaffe		– –	
3. vous le regretterez		– –	
4. /New Year's Eve/ réveillonner	– –		
5. a shift	/ /	/ – / –	
6. /similarity/une copie		/ – / –	
7. /sa figure/her figure	– –		
8. le juste milieu		–	
9. /les *godasses/les pantoufles/la robe de chambre	– – –	/ – – / –	
10. *ma pomme		–	

VOCABULAIRE

	TRADUCTION	SYNONYME	CONTRAIRE-ASSOCIE
1. un copain	a buddy, bosom pals = copain-copain ≠ foe	*un pote, être copain comme cochon, mon vieux = old buddy, un acolyte = sidekick (ally = un allié)	un adversaire, un ennemi, un rival
2. une gaffe	a blunder, booboo, une boulette	une bévue, un pas de clerc, un quiproquo, un impair	
3. vous le regretterez	you'll rue it	vous vous en mordrez les doigts, il vous en cuira, vous vous en repentirez	
4. /New Year's Eve/ réveillonner	/la Saint Sylvestre/to celebrate (New Year's /Xmas Eve)	/le réveillon du jour de l'an	
5. a shift	/une équipe/un changement, un roulement	/a crew = une équipe /changer = to shift, relieve = relayer qn.	
6. /similarity/une copie	/une similarité/copy	/une ressemblance, un sosie/un double	l'original
7. /sa figure/her figure	/her face/sa ligne	**sa gueule = his kisser, shape = la forme, la silhouette	
8. le juste milieu	the happy medium, golden mean	le moyen terme, le bon milieu, le juste équilibre	
9. /les *godasses/les pantoufles/la robe de chambre	/shoes/slippers/bathrobe	*les pompes, *les grolles, *les croquenots, *les tatanes, *les savates	
10. *ma pomme	me	*mezigue, *pour bibi = pour moi	

VOCABULARY

	TRANSLATION	SYNONYM	OPPOSITE-ASSOCIATED
1. /il est fat/se vanter	– –	/ – – – – / – – –	/ – –
2. un travailleur archarné		– – – –	– – –
3. /*plaquer qn./une passade	– –	/ – –	
4. le prix de revient		–	–
5. /grass roots/to lobby	– –		/ –
6. /je suis navré/payer en nature	– –	/ – –	/ –

VOCABULAIRE

	TRADUCTION	SYNONYME	CONTRAIRE-ASSOCIE
1. /il est fat/se vanter	/conceited, egotistical, selfish (sûr de soi = cocky), has a swelled head = gonflé/to boast, brag (a boast = un fanfaron), to talk big = se prendre pour le bon Dieu	/suffisant, plein de soi = même, poseur, prétentieux, il se croit sorti de la cuisse de jupiter = he thinks he's God's gift, il se prend pour le nombril du monde, *il pète plus haut que son derrière/se pavaner, se faire valoir, s'y croire, se mettre en valeur, m'as-tu-vu	/il est simple, effacé, le désinteressement = unselfishness
2. un travailleur archarné	hardworking, to knock oneself out = se tuer à ≠ to be lazy	*bosser, *cravacher, *boulonner, *trimer, *bûcher, *turbiner	fainéant, tire au flanc, paresseux, oisif = idle **ne rien ficher = to goof off, twiddle one's thumbs
3. /*plaquer qn./une passade	/to jilt, to drop s.o./a passing fancy, fling	/planter là, *virer = to ditch, *larguer, *laisser tomber, choir qn.	to pick s.o. up = draguer qn.
4. le prix de revient	cost price, going price	le blocage des prix = price freezing	le prix de vente = selling price
5. /grass roots/to lobby	/à l'échelon local/faire anti-chambre		au niveau gouverne mental
6. /je suis navré/payer en nature	/I apologize, I'm sorry /pay in kind	/je vous fais mes excuses, je suis désolé /confus	*je m'en fiche = I don't give a damn!

96

IDIOMS

In tackling the learning of these idioms

a) fill in the blanks in the second column as far as you can.

b) fold the page back to check your answer.

c) read the translation on the sentence for further clarification.

IDIOMS

1. **to ask point-blank**

   Il lui a demandé à brûle — — — si elle voulait l'épouser et fonder un foyer.

2. **to take pot-luck**

   Venez quand vous voudrez, nous mangerons
   — à la fortune — — — — — —
   — à la bonne — — —

3. **to sell like hot cakes**

   Ca se vend comme des — — — — — —

4. **to fit like a glove**

   Cette robe me va comme un — — — .

5. **let's celebrate !**

   Quelle promotion avez-vous obtenue !
   — Cela — — — !
   — Marquons le — — — !

6. **to add insult to injury/overdo it**

   Vraiment il — dépasse les — — —
   — a forcé la — — —
   — en — — —
   avec cette remarque.

7. **to 'get' it**

   Vous allez — vous faire — — — .
   — e — — — quelque chose.

8. **to be on one's last legs/in bad shape**

   Il — file un mauvais — — — .
   — bat de — — — .
   Quelle tête il — — — !

9. **to drink like a fish**

   Il boit comme un — — — depuis la mort de sa femme.

10. **his bark is worse than his bite**

    Chien qui aboie ne — — — — — — .

11. **beggars can't be choosers**

    Donnez-moi ce que vous pouvez; faute de grives, on mange des — — — .

12. **to put one's foot in it/to make a blunder/a slip of the tongue**

    J'ai — fait une — — —
    — fait un pas de — — —
    — mis les pieds dans le — — — .
    La langue m'a — — — .

13. **believe it or not**

    Le croira qui — — — , elle a mangé quatorze hamburgers.

14. **to know the right people/ have an 'ins'**

    Paul doit — avoir le bras — — —
    — avoir ses — — —
    — avoir ses — — —
    — être — — —
    pour avoir obtenu le téléphone en deux semaines.

EXPRESSIONS IDIOMATIQUES

1.	demander à brûle-pourpoint	He asked her point-blank if she would marry him and settle down.
2.	à la fortune du pot/à la bonne franquette	Come when you want, you'll take pot-luck
3.	se vendre comme des petits pains	They're selling like hot cakes.
4.	aller comme un gant	This dress fits like a glove.
5.	cela s'arrose!/marquer le coup	That was some promotion you got. Come on, let's celebrate !
6.	dépasser les bornes/forcer la dose/en rajouter	The remark really added insult to injury.
7.	se faire attraper/écoper qch.	You're going to get it.
8.	filer un mauvais coton/battre de l'aile/quelle tête il a !	He's on his last legs.
9.	boire comme un trou	He has been drinking like a fish ever since the death of his wife.
10.	chien qui aboie ne mord pas	His bark is worse than his bite.
11.	faute de grives, on mange des merles	Give me what you can. Beggars can't be choosers.
12.	*faire une gaffe/un pas de clerc/mettre les pieds dans le plat/la langue m'a fourché	I put my foot in it.
13.	le croira qui voudra	Believe it or not she ate all fourteen hamburgers.
14.	avoir le bras long/être pistonné /avoir ses entrées/des accointances	Obviously Paul knows the right people to have got the phone in two weeks.

100

IDIOMS

1. **a bird in the hand is worth two in the bush**

— Un tiens vaut mieux que deux tu — — — .
Il vaut mieux tenir que — — — .
Il ne faut pas lâcher la proie pour — — — .

2. **it's as clear as mud.**

Vous parlez depuis vingt minutes et c'est toujours aussi clair que du jus de — — .

3. a. **he rules the roost/runs the show**

Ici il — fait la pluie et le — — — — — — .
— fait la loi — — — — — — .
— est le maître — — — — — — .
— dirige — — — — — — .
— mène la — — — .

b. ≠ **to play second-fiddle**

≠ Il en a assez — d'avoir le second — — — .
— d'être au deuxième — — — .

4. **to cloud the issue**

N'en parlez pas ! Cela ne ferait que brouiller les — — — .

5. **to wear the pants**

En France, les femmes ne portent certainement pas la — — — .

6. a. **let's put our cards on the table /play fair and square**

Jouons — cartes — — — — — —
— franc — — —
et concluons l'affaire.

b. ≠ **let's call a spade a spade**

≠ Appelons — un chat un — — — .
— les choses par — — — — — .
Annonçons — — — — — —

7. **to kick the bucket/kick off**

Ils attendent tous qu'il
— casse — — — — — —
— passe — — — — — — —
— avale son bulletin de — — —
— rende — — —
pour encaisser l'héritage.

8. **through thick and thin**

Il est resté de mon côté
— contre vents et — — — .
— envers et — — — — — — .

9. a. **to add fuel to the fire**

Cela n'a fait que jeter de l'huile sur — — — — — —

b. **to spread like wildfire**

Les nouvelles se sont répandues comme une traînée de — — — .

10. **that's food for thought**

Cela me donne à — — — .

EXPRESSIONS IDIOMATIQUES

1. un tiens vaut mieux que deux tu l'auras/il vaut mieux tenir que courir/lâcher la proie pour l'ombre

A bird in the hand is worth two in the bush.

2. c'est du jus de chique

You've been speaking for twenty minutes and it's still as clear as mud.

3. a. il fait la pluie et le beau temps/la loi chez lui/est le maître à bord/dirige la barque/mène la ronde

He rules the roost here.

   b. ≠ avoir le second rôle/être au deuxième plan

≠ He's tired of playing second-fiddle.

4. brouiller les cartes

Please don't mention that, it will only cloud the issue.

5. porter la culotte

In France, the women certainly don't wear the pants.

6. a. jouons cartes sur table/franc-jeu

Let's put our cards on the table and make a deal.

   b. ≠ appelons un chat un chat/les choses par leur nom/annonçons la couleur

≠ Let's call a spade a spade.

7. *casser sa pipe/*passer l'arme à gauche/*avaler son bulletin de naissance/rendre l'âme

They're all waiting for him to kick the bucket to cash in on the will.

8. contre vents et marées/envers et contre tout

Through thick and thin he stuck with me.

9. a. jeter de l'huile sur le feu

That only added fuel to the fire.

   b. se répandre comme une trainée de poudre

The news spread like wildfire.

10. cela me donne à réfléchir

That's food for thought.

IDIOMS

1. a. she's past her prime

Elle devrait cesser de porter des mini jupes. Elle n'est — plus dans sa première — — —.
— plus toute — — —.
Elle est sur le — — —.

b. ≠ to keep up with the times

≠ Elle — vit avec son — — —.
— reste à la — — —.

2. to have a heart of gold

Elle a — le cœur sur — — — — — —.
— un cœur — — —.

3. all's fair in love and war

En amour comme à la guerre tous les — — — — — — — — —.
C'est de bonne — — —.

4. a. stop splitting hairs/it's as broad as it's long

Ne cherchez pas — la petite — — —.
— midi à quatorze — — —.
Ne coupez pas les cheveux en — — —

b. it's six of one and half a dozen of the other/it's a toss up

C'est du — pareil au — — —.
— bonnet blanc et — — — — — —.
— kif — — —.
— tout — — —.
Ça — va de — — —.
— revient au — — —.

5. a. to feel as fit as a fiddle

Je me porte — à — — —.
— comme un — — —.
Je suis en pleine — — —.

b. to be the picture of health

Depuis vos vacances, Jacques, vous respirez vraiment la — — —.

6. to know the score/to know what's what/the ropes/to have been around/not to have been born yesterday

Elle connaît — — — — — — —.
— est à — — — — — — / au — — —.
— sait — — — / s'y — — —.
Elle n'est pas née — — —.
— en connaît un — — — / les — — —.
— a roulé — — — — — —.

7. to hit below the belt

Elle n'aurait pas dû faire cela.
C'était un — coup en — — —.
— coup — — —.

1. a. elle n'est plus dans sa première jeunesse/toute jeune/ sur le retour

She should stop wearing minis; she's past her prime.

b. ≠ vivre son temps/rester à la page

≠ She keeps up with the times.

2. avoir le cœur sur la main/un cœur d'or

She has a heart of gold.

3. en amour comme à la guerre tous les coups sont permis/ c'est de bonne guerre

All's fair in love and war.

4. a. *ne cherchez pas la petite bête /ne cherchez pas midi à quatorze heures/ne coupez pas les cheveux en quatre

Stop splitting hairs !

b. c'est du pareil au même/ bonnet blanc et blanc bonnet/ *kif-kif/tout un/ça va de pair/ ça revient au même

It's as broad as it's long.

5. a. se porter à merveille/comme un charme/être en pleine forme

I feel as fit as a fiddle.

b. respirer la santé

Since your vacation, Jack, you are really the picture of health.

6. connaître la musique/être à la coule/savoir nager/être au parfum/savoir s'y prendre/ en connaître un rayon/ne pas être né d'hier/connaître les ficelles/rouler sa bosse

She knows the score.

7. porter un coup en traître/un coup bas

She shouldn't have done that. It was really hitting below the belt.

IDIOMS

1. a. love at first sight

   b. a passing fancy

   c. to fall in love with

2. right off the bat, straight off

3. you can't have your cake and
   eat it too/have it both ways

4. a. it rings a bell

   b. to be on the tip of one's
      tongue

   c. it slipped my mind

5. the final blow/last straw

6. to meet someone half-way

7. to drop a hint

8. you can whistle for it

9. a. to be down in the dumps

   b. ≠ I'm in seventh heaven/
      riding high

10. he's the spitting image/a
    chip off the old block/like
    father, like son

11. it was handed to him on a
    silver platter

Dès que je l'ai vu, ça a été le coup de − − −.

Pour Tom ce n'est qu'une − − −.

Je suis tombée − − − − − − lui.

Il l'a trouvé − du premier − − −.
            − sans − − −.
            − sur le − − −.

On ne peut pas tout − − −.
Il faut qu'une porte soit ouverte − − −.
On ne peut être et − − − − − −.

Oui, cela me dit − − −.

Je l'ai sur le bout de la − − −.

Cela m'est complètement sorti de la − − −.

Ce que vous avez dit était
   − le coup de − − −.
   − la dernière goutte qui fait − − − − − −
   − le − − −.

Allons, nous allons couper la poire − − −.

Il a laissé − − − qu'il prendrait sa retraite
bientôt.

Après ce qu'il a dit, il pourra toujours
   − c − − − / se − − −.
   − se − − −.

Je broie du − − −.
J'ai le − − −.
Je n'ai pas le − − −.

≠ Je suis − au septième − − −.
        − aux − − −.

C'est − son père tout − − −.
     − le − − −
     − le − − − de son père.
Tel père − − − − − −.

Il n'a eu aucun problème. On le lui a servi sur
un plateau − − −.

EXPRESSIONS IDIOMATIQUES

1. a. le coup de foudre	The minute I saw him it was love at first sight.
b. une passade	For Tom she is just a passing fancy.
c. tomber amoureux de qn.	I fell in love with him.
2. du premier coup/sans hésiter/ sur le champ	He found it right off the bat.
3. on ne peut pas tout avoir/il faut qu'une porte soit ouverte ou fermée/on ne peut pas être et avoir été	You can't have your cake and eat it too.
4. a. cela me dit quelque chose	Yes, it rings a bell.
b. avoir qch. sur le bout de la langue	It's on the tip of my tongue.
c. ça m'est sorti de la tête	It completely slipped my mind.
5. le coup de grâce/la dernière goutte qui fait déborder la vase/le bouquet	What you said was the last straw.
6. couper la poire en deux	Come on now. I'll meet you half-way.
7. laisser entendre	He dropped the hint that he'd soon retire.
8. il peut toujours courir/*se brosser/*se l'accrocher	After what he said to me, he can whistle for it next time.
9. a. broyer du noir/avoir le cafard/ ne pas avoir le moral	I'm down in the dumps.
b. ≠ je suis au septième ciel/ aux anges	≠ I'm in seventh heaven.
10. c'est son père tout craché/ le portrait/le sosie de/tel père tel fils	He's a chip off the old block.
11. on le lui a servi sur un plateau d'argent	He never had a problem. They handed everything to him on a silver platter.

IDIOMS

1. to be sadly mistaken/to be all wet/out in left field

Il pense qu'il aura une augmentation
mais il — se fourre le doigt dans — — — .
        — n'y est pas du — — — .
        — se fiche — — — .

2. a. to fly off the handle/have a fit/blow one's top/hit the ceiling/to be fit to be tied

Elle — a piqué une — — — .
    — est sortie de — — — .
    — s'est mise hors de — — — .
    — a vu — — — .
    — s'est — — — .
    — s'est mis en — — — .
    — s'est mis dans tous ses — — — .

  b. to give s.o. a piece of one's mind/let s.o. have it

Elle lui a dit — ses quatre — — — .
            — sa façon de — — — .

3. it's like carrying coals to Newcastle

C'est perdre — — — — — — .
C'est apporter de l'eau à la — — — .

4. to hit home/hit a sore spot.

Vous avez touché le point — — — .
C'est là où le bât — — — .
Le coup a — — — .

5. never put off till tomorrow what you can do today

Il ne faut jamais remettre au lendemain ce que
l'on peut faire le — — — — — — .

6. to grease s.o.'s palm/slip s.o. stg.

Si vous — graissez la — — — au garçon
       — donnez la — — —
il s'occupera de nous.

7. birds of a feather flock together/a man is known by the company he keeps/ to be of the same ilk.

Qui se ressemble — — — .
Dis-moi qui tu fréquentes, je te dirai qui — — — .
Ils sont de la même — — — .

8. a. it's easy as pie/ kid stuff

Ce n'est pas — — — .
C'est simple comme — — — .
Ca passe comme une lettre — — — — — —

  b. ≠ to sweat bullets/blood and tears

≠ Elle a sué sang et — — —
  Ça a été la croix — — — — — — — — — .

9. take it or leave it

C'est mon dernier prix. C'est à prendre ou
à — — — .

1. *se fourrer le doigt dans l'œil/n'y être pas du tout/ *se ficher dedans

   He thinks he'll get a raise but he's sadly mistaken.

2. a. piquer une crise/sortir de ses gonds/se mettre hors de soi/ voir rouge/se déchainer/se mettre en colère/dans tous ses états

   She flew off the handle.

   b. dire ses quatre vérités/sa façon de pensér

   She gave him a piece of her mind.

3. perdre son temps/apporter de l'eau à la rivière

   That's like carrying coals to Newcastle.

4. toucher le point sensible/ c'est là où le bât blesse/le coup a porté

   You hit home.

5. il ne faut jamais remettre au lendemain ce que l'on peut faire le jour même

   Never put off till tomorrow what you can do today.

6. graisser la patte/donner la pièce

   If you slip the waiter something, he'll take car of us.

7. qui se ressemble, s'assemble/ dis-moi qui tu fréquentes, je te dirai qui tu es/être de la même trempe

   Birds of a feather flock together.

8. a. ce n'est pas sorcier/c'est simple comme bonjour/ça passe comme une lettre à la poste

   It's easy as pie.

   b. ≠ suer sang et eau/la croix et la bannière

   ≠ She sweated bullets.

9. c'est à prendre ou à laisser

   That's my highest offer. Take it or leave it.

IDIOMS

1. a. haste makes waste

    Qui trop embrasse mal — — —.
    Qui trop se hâte reste — — — — — —.

  b. a stitch in time saves nine

    Mieux vaut prévenir que — — —.

2. he's a penny pincher/tight-fisted

    Il est vraiment dur à la — — —.
    Il n'attache pas son chien avec — — — — — —.

3. a. to jump to conclusions

    Il a conclu à la — — —.

  b. you be the judge

    Voilà les faits. A vous de — — —.

  c. put two and two together

    Je vous laisse tirer vos — — — — — —.
    A vous d'en — — — ce que vous voulez.

4. no matter what/by hook or by crook/do or die/sink or swim

    Je le ferai — coûte que — — —.
    — par tous les — — —.

5. a. to see the lay (or lie) of the land/which way the wind blows

    Il a précédé les autres pour
    — tâter le — — —.
    — sentir de quel côté vient — — —

  b. to pave the way

    L'ambassadeur essaye de préparer le — — — pour conclure la paix.

6. to grin and bear it

    Il faut faire contre mauvaise fortune — — —.

7. a. kidding aside

    Blague — — — —.

  b. this is no laughing matter

    Il n'y a pas de quoi — — —.

8. he's up to his old tricks/at it again

    Il a été loyal pendant un an et maintenant il recommence à faire des — — —.
    Ça y est il — — —!
    C'est — — — — — —!
    Il n'en fera jamais — — —!

9. to give s.o. the slip

    Finalement — je lui ai faussé — — —.
    — j'ai filé à — — —.

EXPRESSIONS IDIOMATIQUES

1. a. qui trop embrasse, mal
      étreint/qui trop se hâte reste
      en chemin

   Haste makes waste.

   b. mieux vaut prévenir que
      guérir

   A stitch in time saves nine.

2. il est dur à la détente/n'attache
   pas son chien avec des saucisses

   He's really a penny pincher.

3. a. conclure à la légère

   He jumped to conclusions.

   b. à vous de juger

   Those are the facts. You be the judge.

   c. je vous laisse tirer vos
      conclusions/à vous de conclure

   Put two and two together.

4. coûte que coûte/par tous les
   moyens

   I'll do it by hook or by crook.

5. a. tâter le terrain/sentir de quel
      côté vient le vent

   He went on first to see the lay of the land.

   b. préparer le terrain

   The ambassador is trying to pave the way to
   peace.

6. faire contre mauvaise fortune
   bon cœur

   It was a rough year but we will have to grin and
   bear it.

7. a. blague à part . . .

   kidding aside . . .

   b. il n'y a pas de quoi rire

   This is no laughing matter.

8. il fait des siennes/ça y est, il
   recommence/c'est bien de lui/
   il n'en fait pas d'autres

   He was faithful for a year and now he's up to
   his old tricks.

9. fausser compagnie/filer à
   l'anglaise

   I finally gave him the slip.

IDIOMS

1. **to take to stg. like a duck to water**

   Il — a été — — —
   — s'est senti à — — —
   — a été comme un poisson — — — — — —
   dès sa première leçon d'équitation.

2. **the more, the merrier**

   Plus on est de fous plus on — — —.

3. **to make ends meet**

   Il est difficile de — joindre les — — —.
   — boucler son — — —.

4. **two heads are better than one**

   Deux avis valent — — — — — —.

5. **she's a babe in the woods/ wet behind the ears**

   Quand elle est arrivée de sa province, c'était
   — une oie — — —.

6. **keep your fingers crossed**

   Touchons du — — — que tout aille bien.

7. **to sleep late**

   Chut! vous savez que votre père aime faire la
   grasse — — — le dimanche.

8. a. **to get out of something without a scratch**

   Il s'en est tiré — sans une — — —.
   — à bon — — —.

   b. **by the skin of one's teeth/a close shave/it was touch and go**

   Il — l'a échappé — — — / a eu — — —.
   — s'en est fallu — — — — — —.
   Ca a été — moins — — —.
   ___ — tout — — —.
   Cela ne tenait qu'à un — — —.

9. **to the bitter end**

   Que c'était ennuyeux et j'ai dû boire jusqu'à
   la — — —.

10. **to combine business with pleasure**

    Le patron a joint l'utile — — — — — — pendant
    ce petit voyage.

11. **to blow hot and cold**

    Vous ne savez jamais où vous en êtes avec elle.
    C'est — un jour blanc, un jour — — —.
    — la douche — — —.

12. **to be stark-raving mad/as mad as a hatter/off one's rocker/ out of one's mind**

    C'est un échappé de — — —.
    Il est — fou à — — —.
    Il a perdu — la — — — / la — — —.
    Il a — un petit — — — / un g— — —.

13. **to have a low boiling point/to be quick-tempered**

    Joe — monte comme une soupe — — — — — —.
    — à la tête près — — — — — —.

EXPRESSIONS IDIOMATIQUES

1. être mordu à qch./se sentir tout de suite à son aise/ comme un poisson dans l'eau

   His first riding lesson went like a duck takes to water.

2. plus on est de fous, plus on rit

   The more, the merrier.

3. joindre les deux bouts/boucler son budget

   It's hard to make ends meet.

4. deux avis valent mieux qu'un

   Two heads are better than one.

5. une oie blanche

   When she first came up from the provinces, she was a babe in the woods.

6. touchons du bois

   Keep your fingers crossed that everything will work out.

7. faire la grasse matinée

   S-s-sh, you know your father likes to sleep late Sundays.

8. a. s'en tirer sans une égratignure/ à bon compte

   He came out of the accident without a scratch.

   b. il l'a échappé belle/*il a eu chaud/s'en est fallu d'un cheveu/ça a été moins une/ tout juste/cela ne tenait qu'à un fil

   He was hanging on by the skin of his teeth.

9. boire la coupe jusqu'à la lie

   It was such a bore, but I had to stay to the bitter end anyway.

10. joindre l'utile à l'agréable

    The boss combined business with pleasure during his trip.

11. c'est la douche écossaise/un jour blanc, un jour noir

    You never know where you stand with her. She blows hot one day and cold the next.

12. être fou à lier/*un échappé de Charenton/avoir perdu la tête/*la boule/*avoir un petit vélo/*un grain

    He's as mad as a hatter.

13. être soupe au lait/avoir la tête près du bonnet

    Joe has a low boiling point.

IDIOMS

1. **to leave in the lurch/high and dry/out on a limb**

Il a laissé sa femme
 — dans une très mauvaise − − − ,
 — en − − − / en − − − ,
 — dans la − − − ,
et s'est tiré avec sa maîtresse.

2. **to get out on the wrong side of bed**

Il est de mauvaise humeur ce matin.
Il a dû se lever du pied − − − .

3. **on the spur of the moment**

On a — décidé − − − d'y aller.
 — sur l'impulsion − − − − − −

4. **to have one's hands tied**

Mes mains − − − − − − .

5. a. **stop playing hearts and flowers**

Arrêtez — vos s− − − / h− − − / s− − − −
je ne marche pas.

 b. **what a tear-jerker**

Quelle histoire à l'eau de − − − .

6. a. **change one's mind**

Il — a changé − − − .
 — s'est − − − .

 b. **≠ stick to one's guns/never say die**

≠ N'en − − − pas./ Tenez − − − !

7. **to take turns**

Ce jeu est très simple. Chacun jette les dés
 — à son − − −
 — à tour de − − −
et le nombre le plus fort gagne.

8. **it's old hat/as old as the hills/ it went out with the Romans**

C'est — du déjà − − − .
 — vieux comme − − − − − − .
 — un vieux − − − .
 — vieux comme − − − .

9. a. **it's out of the question**

Il n'en est pas − − − .

 b. **≠ all the more reason**

≠ A plus forte − − − .

10. **it goes without saying**

Cela va — sans − − −
 — de − − −
que l'on doit manger quand on a faim.

11. **it doesn't matter**

Cela ne fait − − − .

12. **to know on sight**

Je ne l'ai vu qu'une fois mais de toute façon je suis sûr que je le reconnaîtrais − − − − − − .

13. **to drop s.o. a line**

J'espère que vous m'écrirez un − − − cet été.

EXPRESSIONS IDIOMATIQUES

1. être dans une trés mauvaise situation/laisser qn. dans la panade/*en rade/en plan

   He left his wife high and dry and ran off with his mistress.

2. se lever du pied gauche

   He's in a bad mood this morning. He must have got out on the wrong side of the bed.

3. subitement/sur l'impulsion du moment

   We decided to go on the spur of the moment.

4. avoir les mains liées

   My hands are really tied.

5. a. arrêtez vos salades/vos histoires/vos sornettes

   Stop playing hearts and flowers. I just don't buy it.

   b. quelle histoire à l'eau de rose

   What a tear-jerker.

6. a. changer d'avis/se raviser

   He changed his mind.

   b. ≠ ne pas en démordre/tenir bon

   ≠ Stick to your guns.

7. prendre chacun son tour/à tour de rôle

   This game is very simple. Each one takes his turn at throwing the dice and the highest number wins.

8. c'est du déjà vu/vieux comme le monde/un vieux truc/vieux comme Hérode

   That kind of attempt is old hat.

9. a. il n'en est pas question

   It's out of the question.

   b. ≠ à plus forte raison

   ≠ All the more reason.

10. il va sans dire/de soi

    That one should eat when hungry goes without saying.

11. cela ne fait rien

    It doesn't matter.

12. reconnaître de vue

    I only saw him once, but I'm sure I'd know him on sight anyway.

13. écrire un mot

    I hope you will drop me a line this summer.

IDIOMS

1. that's the ball game/his number's up/he's had it/done for

Si son patron le découvre.
— les carottes sont – – – .
— son compte est – – – .
— il est – – – .

2. leave me alone !

Laissez-moi – – – – !

3. it serves her right/she had it coming

Après tout ce qu'elle lui a fait
— elle l'a bien – – –
— c'est bien fait – – – – – –
— elle ne l'a pas – – – qu'il en épouse une autre.

4. a. to beat around the bush

Arrête de tourner autour du – – – .

b. give it to me straight

Ne me – – –
Soyez – – – !
Dites-le – – – !

c. she doesn't pull any punches

Elle n'y va pas de – – – – – – .

5. keep your head/your cool

En cas d'accident, le mieux est de
garder — son sang – – –
          — son – – –
Soyez maître – – – .

6. to go for a walk

Cet après-midi, nous allons faire
— une – – –
— une – – –
— une – – –

7. I take it for granted that . . .

Je — prends pour – – –
    — pars du – – – que vous faites toujours le travail que je vous donne.

8. not to stand a chance

La Belgique n'a pas la moindre – – – de gagner les Jeux Olympiques.

9. don't put the cart before the horse

Ne mettez pas la charrue avant les – – – .

10. to come to an end

Ces exercices — sont presque – – – .
               — tirent à leur – – – .

11. to leave s.o. holding the (baby) bag/to take the rap

Ils ont tous filé et lui ont tout laissé sur le – – –.

12. to cut a long story short/the long and the short of it is

B– – – ,
En un – – – ,
il l'a quittée.

115

EXPRESSIONS IDIOMATIQUES

1. les carottes sont cuites/son compte est bon/*il est fichu

   If his boss finds out, that's the ball game.

2. laissez-moi tranquille !

   Leave me alone !

3. c'est bien fait pour elle/ elle ne l'a pas volé/elle l'a bien mérité

   After what she did to him, it served her right that he married someone else.

4. a. tourner autour du pot

   Stop beating around the bush.

   b. soyez franc/ne me ménagez pas/dites-le carrément

   Give it to me straight.

   c. elle n'y va pas de main morte

   She doesn't pull any punches.

5. garder son sang froid/son calme/être maître de soi

   The best thing in an emergency is to keep your head and get the best of the situation.

6. faire une promenade/*une balade/un tour

   This afternoon we're going for a walk.

7. je prends pour acquis/pars du principe que . . .

   I take it for granted that you always do the work I give you.

8. ne pas avoir la moindre chance

   Belgium doesn't stand a chance of winning the Olympics.

9. ne mettez pas la charrue avant les bœufs

   Don't put the cart before the horse.

10. se terminer/tirer à sa fin

    These exercises have almost come to an end.

11. laisser sur le dos

    They all ran and left him holding the bag.

12. bref/en un mot

    To cut a long story short, he left her.

IDIOMS

1. to foot the bill/to pick up the tab

Sa fille a acheté son trousseau et le fiancé a payé
— la — — — / la — — — .
— la — — — .

2. he has a one-track mind

Il ne pense qu'à — — — .
Il est porté sur la — — — / l'— — — .
C'est un — — — .

3. to scrape the bottom of the barrel

Vous avez dû gratter les fonds de — — — pour demander de l'aide à qn. comme lui.

4. the early bird catches the worm/early to bed, early to rise makes a man healthy, wealthy and wise

Le monde appartient à celui qui se lève — — — .

5. in a second/in a jiffy/in a flash/in a bat of an eye/in a flick of a wink/ in next to no time/in two shakes of a lamb's tail

Je l'ai fait — en cinq — — — .
— en deux temps trois — — — .
— en un clin — — — / une — — — .
— en deux coups de — — — — — — .
— en un tour de — — — .
— en moins de temps
qu'il ne faut — — — — — — — — — .
— dare — — — / illico — — — .
— tout de — — — .

6. a. out of sight, out of mind

Loin des yeux, loin du — — — .

b. ≠ to carry a torch

≠ Il l'a toujours dans la — — — .

7. don't put all your eggs in one basket

Il ne faut pas mettre tous ses œufs dans le même — — — .

8. it's no use crying over spilt milk/what's done is done

Ce qui est fait, — — — — — — .

9. a. to spill the beans/let the cat out of the bag/give the show away

Joe a — vendu la — — — / la — — — .
— mangé le — — — .

b. mum's the word

Il s'agit de se — — — .
Bouche — — — / — — — !

c. to be a dead giveaway

C'était — f— — — .
— cousu de — — — — — — .

10. a. he took her for a ride

Il l'a menée en — — — .

b. to pull s.o.'s leg

Vous me faites — — — .

11. lucky at cards, unlucky in love

Heureux au jeu, malheureux en — — — .

1. payer la douloureuse/la facture/la note

His daughter bought the trousseau and her fiancé footed the bill.

2. /il ne pense qu'a ça/c'est un obsédé/il est porté sur la bagatelle/l'article

He has a one-track mind.

3. gratter les fonds de tiroirs

You must have really been scraping the bottom of the barrel to have chosen him to help.

4. le monde appartient à celui qui se lève tôt

The early bird catches the worm.

5. faire qch. dare dare/illico presto/tout de go/en cinq secs/en deux temps trois mouvements/en un clin d'œil/une seconde/deux coups de cuillère à pot/un tour de main/moins de temps qu'il ne faut pour le dire

I did it in a second.

6. a. loin des yeux, loin du cœur

Out of sight, out of mind.

   b. ≠ avoir qn. dans la peau

≠ He's still carrying a torch.

7. il ne faut pas mettre tous ses œufs dans le même panier

Don't put all your eggs in one basket.

8. ce qui est fait, est fait

What's done is done.

9. a. vendre la mèche/la partie/ manger le morceau

Joe gave the show away.

   b. il s'agit de se taire/bouche cousue/motus

Mum's the word.

   c. c'est flagrant/cousu de fil blanc

That was a dead giveaway.

10. a. mener en bateau

He took her for a ride.

   b. faire marcher qn.

You're pulling my leg.

11. heureux au jeu, mal- heureux en amour

Lucky at cards, unlucky in love.

IDIOMS

1. **when it rains, it pours**

Il a joué de malchance.
— un malheur n'arrive — — — — — .
— jamais deux — — — — — .

2. **to hit the nail on the head**

Vous êtes tombé — — — .
Vous avez — fait — — — .
— mis dans — — — — — .

3. **where there's a will, there's a way**

Quand en veut — — — — — .
Vouloir c'est — — — .
A cœur vaillant rien — — — .

4. a. **it's a dime a dozen**

Ce genre de tableau est monnaie — — —
Ça — court — — — — — — .
— se trouve — — — — — — — .
— se trouve à tous les — — — — — — — — .

b. ≠ **to be hard to come by**

≠ Cela — ne court pas les — — — .
— ne se trouve pas à la — — — .

5. **I'll eat my hat/I bet my bottom dollar/stake one's life on it**

J'en — mets ma tête à — — — ,
— mettrais ma main — — — — — — ,
Je — vous paierais des — — — ,
— vous parie ma — — — ,
que vous pouvez le faire.

6. **to turn over a new leaf**

A partir de janvier, je — fais — — — — — — .
— tourne la — — — .

7. **you can't judge a book by its cover/it's not the cowl that makes the monk.**

L'habit ne fait pas le — — — .

8. **when the cat is away, the mice will play**

Quand le chat n'est pas là, les souris — — — .

9. **to make things worse/to top it off/to boot**

Il a tout perdu à la bourse et
— pour comble de — — —
— par dessus le — — —
sa femme s'est tirée.

10. **to be caught between the devil and the deep blue sea**

Je suis pris entre — le marteau et — — — .
— deux — — — .

11. **look before you leap**

Il faut regarder
— où vous mettez les p— — — — .
— avant de — — — .

12. **Rome wasn't built in a day**

Rome ne s'est pas construite en — — — .

EXPRESSIONS IDIOMATIQUES

1. un malheur n'arrive jamais seul/jamais deux sans trois

He had one piece of bad luck after another. When it rains, it pours.

2. tomber juste/faire mouche/ mettre dans le mille

You hit the nail on the head.

3. quand on veut, on peut/à cœur vaillant rien d'impossible /vouloir c'est pouvoir

Where there's a will, there's a way.

4. a. c'est monnaie courante/ça court les rues/ça se trouve à la pelle/à tous les coins de rue

That kind of painting is a dime a dozen.

b. ≠ ne pas courir les rues/ne pas se trouver à la pelle

≠ It's hard to come by.

5. je vous paierais des prunes/ j'en mets ma tête à couper/j'en mettrais ma main au feu/je parie ma chemise . . .

If you can do that, I'll eat my hat.

6. faire peau neuve/tourner la page

Come January first and I'm going to turn over a new leaf.

7. l'habit ne fait pas le moine

Dont judge a book by its cover.

8. quand le chat n'est pas là, les souris dansent

When the cat's away, the mice will play.

9. pour comble de malheur/par dessus le marché

He lost everything on the stock-market and then to make things worse his wife split.

10. être pris entre le marteau et l'enclume/entre deux feux

I'm caught between the devil and the deep blue sea.

11. regardez où vous mettez les pieds/avant de sauter

Look before you leap.

12. Rome ne s'est pas construite en un jour

Rome wasn't built in a day.

IDIOMS

1. don't count your chickens before they're hatched	Ne vendez pas la peau de l'ours avant de l'avoir — — — .
2. it's like looking for a needle in a haystack	C'est comme si on cherchait une aiguille dans une — — — — — — — — — .
3. she's in a tight spot/jam/hole /hot water	Je suis — dans le — — — / la — — — . — f — — — / en — — — . J'ai un p— — — .
4. a. (I'd better) leave well enough alone	J'allais appeler mais réflexion faite je pense que le mieux est l'ennemi du — — — . Restons-en — — — .
b. let sleeping dogs lie	Je ne reveillerais pas le chat qui — — — .
5. once in a blue moon	Je le vois tous les trente-six du — — — .
6. tit for tat	Ils se — répondaient du tac au — — — . — renvoyaient la — — — .
7. to do an about-face/a turn-about	Tout était arrangé et soudain il — a retourné sa — — — . — a fait volte — — — . — a changé son — — — — — — .
8. it's the pick of the lot/the cream of the crop	Cest — le fin du — — — . — le dessus du — — — . — la fine — — — / la — — — .
9. when the cows come home/ when hell freezes over	A votre place, je n'attendrais pas que Jean le fasse sinon vous l'aurez — à Pâques où à la — — — . — à la St— — — . — à la semaine des quatre — — — . — aux calendes — — — .
10. you played right into his hands /walked into it	Vous — êtes tombés dans le — — — . — avez mordu à — — — . — vous êtes mis entre ses — — — .
11. to miss one's chance/the boat	Jack — a raté le — — — — manqué son — — — pour lui faire signer le contrat.

EXPRESSIONS IDIOMATIQUES

1. ne vendez pas la peau de l'ours avant de l'avoir tué	Don't count your chickens before they're hatched.
2. c'est comme si on cherchait une aiguille dans une botte de foin	It's like looking for a needle in a haystack.
3. être dans *le pétrin/*la mélasse/*frais/*en rade/ avoir un pepin	I'm in a tight spot.
4. a. le mieux est l'ennemi du bien/ restons-en là !	I was going to call, but on second thoughts I'd better leave well enough alone !
b. ne réveillez pas le chat qui dort	I would let sleeping dogs lie.
5. tous les trente-six du mois	I only see him once in a blue moon.
6. répondre du tac au tac/se renvoyer la balle	They answered each other tit for tat.
7. retourner sa veste/faire volte-face/changer son fusil d'épaule	All was settled and suddenly he did an about-face.
8. c'est le fin du fin/le dessus du panier/la fine fleur/*la crème	It's the pick of the lot.
9. quand les poules auront des dents/à Pâques ou à la Trinité /à la Saint-Glinglin/la semaine des quatre jeudis/aux Calendes Grecques	If I were you, I wouldn't wait for John to do it or else you'll get it when the cows come home.
10. vous êtes tombés dans le panneau/avez mordu à l'hameçon/vous vous êtes mis entre ses mains	You played right into his hands.
11. *rater le coche/manquer son coup	Jacques missed his chance to get him to sign the contract.

122

IDIOMS

1. **fools rush in where wise men fear to tread**

   Aux innocents les mains — — —

2. **I'd like you to meet . . .**

   Monsieur Dupont, je vous — — — Mr Smith.

3. **straight or on the rocks?**

   Sec ou avec de la — — — ?

4. **to face the music/to pay the piper**

   Il vient en retard tous les jours, mais un jour ou l'autre, il faudra payer — la — — — / les pots — — — .

5. **to be on pins and needles**

   En attendant la réponse, elle
   — est sur des charbons — — — .
   — est dans ses petits — — — .

6. **to have a house-warming**

   Ils ont récemment déménagé. Ils pendent la — — — samedi.

7. a. **inside and out**

   Ils vont réorganiser la maison de fond en — — — .

   b. **from head to toe**

   Elle était bien habillée de
   — la tête aux — — — .
   — pied en — — — .

8. a. **you're barking up the wrong tree**

   Vous — faites — — — — — — .
   — êtes sur une — — — — — — .

   b. **≠ you're on the right track**

   ≠ Continuez, vous êtes sur la bonne — — — .

9. **the apple of the eye**

   Il y tient comme à la prunelle de ses — — — .

10. **to pay through the nose/it costs an arm and a leg**

    Cela avait l'air d'un restaurant bon marché mais quel coup
    — de b— — — / de f— ·· — / de m— — — .
    Cela a coûté les yeux de la — — — .   — — .

11. **I can't make head or tail of it of it**

    Ça n'a ni queue ni — — — .
    C'est de — — — . / Quel — — — !

12. **to take a long weekend**

    Noël est jeudi et nous allons faire le — — — .

13. **he's well known there**

    Il est connu comme le loup — — — .

14. **don't mix money with friend-ship**

    Les bons comptes font les bons — — — .

15. **never to stick to one person/ be a real Romeo**

    Il change de femme comme il change — — — .
    C'est un cœur — — — .

EXPRESSIONS IDIOMATIQUES

1. aux innocents les mains pleines	Fools rush in where wise men fear to tread.
2. je vous présente . . .	Mr. Dupont, I'd like you to meet Mr. Smith.
3. sec ou avec de la glace?	Straight or on the rocks?
4. payer la note/les pots cassés	He comes late every day but eventually will have to face the music.
5. être sur les charbons ardents/ dans ses petits souliers	She's on pins and needles for the answer.
6. pendre la crémaillère	They moved recently and the housewarming is on Saturday.
7. a. de fond en comble	They are going to reorganise the house inside out.
b. de la tête aux pieds/de pied en cap	She was well dressed from head to toe.
8. a. vous faites fausse route/êtes sur une fausse piste	You're barking up the wrong tree.
b. ≠ être sur la bonne voie	Continue. You're on the right track.
9. il y tient comme à la prunelle de ses yeux	It's the apple of his eye.
10. *quel coup de barre/*fusil/ *masse/*coûter les yeux de la tête	It looked like an inexpensive restaurant, but you pay an arm and a leg.
11. ça n'a ni queue mi tête/c'est de l'hébreu/quel charabia	I can't even make head or tail of it.
12. faire le pont	Christmas is on Thursday; we're going to take a long weekend.
13. être connu comme le loup blanc	He's well known there.
14. les bons comptes font les bons amis	Don't mix money with friendship.
15. changer de femme comme de chemise/avoir un cœur d'artichaut	He never sticks to one person.

IDIOMS

1. a. to come back empty-handed /to be a wild-goose chase	J'y suis allé pour − − − − − −. Je suis rentrée − les m− − − − − −. − b− − −.
b. I went but no one was home/ for nothing	J'y suis allé et − j'ai trouvé visage de − − −. − je me suis cassé − − −.
2. to rub people the wrong way	Il a le chic pour prendre les gens à − − −.
3. to strike while the iron is hot	Mon avis est qu'il faut battre le fer tant qu'il est − − −.
4. to sleep like a log	J'ai dormi comme − un − − − / une − − −.
5. a. be that as it may	Quoiqu'il en − − −, je ne veux plus le revoir.
b. whatever will be, will be	Ce qui doit arriver − − −.
c. come what may/whatever happens	Quoiqu'il − − je ne reviendrai pas sur ce que j'ai dit. Advienne − − − − − −.
6. it's like trying to put a square peg in a round hole	C'est − la quadrature du − − −.
7. it's now or never	C'est maintenant ou − − −.
8. to take s.o. down a peg or two /cut s.o. down to size/put s.o. down	Le fait d'avoir perdu le contrat − lui en a fait baisser le − − −. − l'a remis à sa − − −. − lui a fait baisser son − − −. − lui a fait mettre de l'eau dans son − − −.
9. the odds are in her favour ≠ against her	Les chances sont − de son − − −. ≠ − contre − − −.
10. to make a mountain out of a molehill/a big deal out of stg. /carry on	Arrêtez d'en faire une − − −. Ce n'est pas la mer à − − −. Il n'y a pas de quoi fouetter un − − −. Ne vous noyez pas dans un − − − − − −.
11. it's a woman's world/women make the world go round	Ce que femme veut, Dieu le − − −.
12. it's worth it	Ça vaut − le − − − / la − − −.
13. to catch a cold	J'ai attrapé − la − − − / f− − −. − un − − − la semaine dernière.

1. a. rentrer les mains vides/ bredouille/y aller pour des prunes	I came back empty-handed.
b. trouver visage de bois/se casser le nez	I went but no one was there.
2. prendre les gens à rebrousse-poil	I have a knack for rubbing people the wrong way.
3. il faut battre le fer pendant qu'il est chaud	My best advice to you is to strike while the iron is hot.
4. dormir comme un loir/une souche	I slept like a log.
5. a. quoiqu'il en soit	Be that as it may, I don't want to see him again.
b. ce qui doit arriver, arrivera	Whatever, will be, will be.
c. quoiqu'il arrive, advienne que pourra	Come what may, I will absolutely not go back on my word.
6. c'est la quadrature du cercle	It's like trying to fit a square peg in a round hole.
7. c'est maintenant ou jamais	It's now or never.
8. faire baisser le ton/remettre à sa place/en rabattre/faire baisser son pavillon/mettre de l'eau dans son vin	The loss of the contract took him down a peg or two.
9. les chances sont de son côté ≠ contre elle	The odds are in her favour ≠ against her.
10. en faire une montagne/ce n'est pas la mer à boire/il n'y a pas de quoi fouetter un chat/se noyer dans un verre d'eau	Stop making a mountain out of a molehill.
11. ce que femme veut, Dieu le veut	Women make the world go round.
12. ça vaut le coup/la peine	It's worth it.
13. *attraper la crève/un rhume/ froid	I caught a cold last week.

126

IDIOMS

1. **to hold one's own**	Je me — — — au bridge.
2. **to paint the town red/hit the high spots**	Après l'examen on va faire — les 400 c— — — . — la tournée des — — — — — — . — une — — — / la— — — .
3. **to take a powder/do a bunk**	Il — a pris la — — — — — — . — s'est — — — — — — .
4. a. **off the cuff/unofficially**	Ne répétez pas ce que je vous ai dit. Je l'ai su — — — .
b. ≠ **I got it straight from the horse's mouth**	≠ Je tiens la nouvelle de — bonne — — — . — source — — — — .
5. **it remains to be seen if**	Il a dit qu'il le ferait mais il reste à — — — s'il le fera.
6. **practice makes perfect**	C'est en forgeant qu'on devient — — — .
7. **let's get down to business/ put our shoulders to the wheel**	Mettons — nous à — — — . — nous — — — .
8. **at your own risk**	A vos risques et — — — .
9. **behind the scenes**	J'ignore comment va leur mariage réellement mais on dit des tas de choses en — — — .
10. **on second thoughts**	Réflexion — — — je ne pense pas qu'elle ait raison.
11. **to change one's tune**	Il a enfin — changé de — — — . — d— — — .
12. a. **to be sitting pretty/to be on easy street**	Dans cette nouvelle compagnie il — se la coule — — — . — à la belle — — — . — à la p— — — .
b. **to lead the life of Riley**	Il est comme — un p— — — . — un coq en — — — .
13. **sleep on it**	Nous verrons demains. La nuit porte — — — .
14. **to have a sweet tooth/to be a gourmet**	Elle — aime les — — — . — est — — — . Elle a — une fine — — — . Ç'est un bec — — — .

127

EXPRESSIONS IDIOMATIQUES

1. se défendre	I can hold my own in bridge.
2. faire les 400 coups/la tournée des grands ducs/une virée/la noce	We will paint the town red after finishing the exam.
3. prendre la poudre d'escampette/s'éclipser	He took a powder.
4. a. savoir officieusement	Please don't say I told you. It was told to me off the cuff.
b. ≠ tenir une nouvelle de bonne source/de source sûre	I got it straight from the horse's mouth.
5. reste à savoir si	He said he would do it but it remains to be seen if he will.
6. c'est en forgeant qu'on devient forgeron	Practice makes perfect.
7. se mettre à l'ouvrage/s'y mettre	Let's get down to business.
8. a vos risques et périls	At your own risk.
9. en coulisse	I don't know how their marriage is actually but there is a lot of talk going on behind the scenes.
10. réflexion faite	On second thoughts I don't think she's right.
11. changer de ton/déchanter	At last he changed his tune.
12. a. se la couler douce/avoir la belle vie/*avoir la planque	With this new company he's certainly sitting pretty.
b. être comme un coq en pâte/comme un pacha	He's leading the life of Riley.
13. la nuit porte conseil	We'll see tomorrow. Sleep on it.
14. aimer les sucreries/être gourmand/*avoir une fine gueule/c'est un bec fin	She has a sweet tooth.

IDIOMS

1. a. to smell a rat

J'ai flairé quelque chose de — — — quand il a évité mes questions.
Ça m'a mis la puce à — — — .

   b. stg. doesn't add up/stg.'s fishy

Quelque chose ne tourne pas — — — .
Ce n'est pas — — — .
C'est — — — .

2. let's get down to brass tacks/cases/get to the point

Venons — en au — — — .

3. to be the talk of the town

Son divorce — défraye la — — — .
          — fait couler beaucoup — — — .

4. to upset the apple-cart

Les flics sont arrivés et ont
   — tout flanqué par — — — .
   — fichu tout en — — — .

5. a. you'll never guess

Je vous le donne en — — — .

   b. to give up (guess)

Je donne ma langue — — — — — — .

   c. you're getting warm

Essayez encore. Vous — — — .

6. it's ten to one

Je vous parie dix — — — — — — qu'elle gagnera.

7. to eat one's word

Vous — regretterez vos — — — .
      — vous vous en mordrez — — — — — — .

8. if the worst comes to the worst

En mettant les choses — — — — — —
Au — — — nous irons demain.

9. it's the blind leading the blind

Vous plaisantez en offrant de lui apprendre à jouer au bridge. Ce serait vraiment — comme l'aveugle guidant le — — — .

10. a. I couldn't get a word in edgewise

Je n'arrivais pas — à placer un — — — .
      — à en placer — — — .

   b. to put one's two cents in

Puis-je — mettre mon grain de — — —?
      — ramener ma — — — ?

11. to hold tight reins

Il tient la — bride — — —
à tous ses employés.

12. it was one-up-manship

Comme toujours à qui mieux — — — .
Ils jouaient au — — — — — — .

EXPRESSIONS IDIOMATIQUES

1. a. flairer qch. de louche/mettre la puce à l'oreille

I smelled a rat when he avoided my questions.

b. qch. ne tourne pas rond/ce n'est pas catholique/louche /il y a qch. qui cloche

Something doesn't add up.

2. venons-en au fait

Let's get down to brass tacks.

3. défrayer la chronique /faire couler beaucoup d'encre

Her divorce is the talk of the town.

4. flanquer tout par terre/ficher tout en l'air

The cops came in and upset the apple-cart.

5. a. je vous le donne en mille

You'll never guess.

b. donner sa langue au chat

I give up.

c. vous brûlez

Guess again. You're getting warm.

6. dix contre un

It's ten to one that she won't win.

7. regretter ses propos/s'en mordre les doigts

You'll eat your words.

8. au pire/en mettant les choses au pire

If the worst comes to the worst, we can go tomorrow.

9. ce serait l'aveugle guidant le paralytique

You've got to be kidding offering to teach him how to play bridge. That's really the blind leading the blind.

10. a. je n'arrivais pas à placer un mot/en placer une

She talked on and on and on, I couldn't get a word in edgewise.

b. mettre son grain de sel/ ramener sa fraise

Can I put my two cents in?

11. tenir la bride serrée

He holds tight reins on all employees.

12. à qui mieux mieux/jouer au plus fin

As usual it was one-up-manship with them.

IDIOMS

1. Jack-of-all-trades (master of none)	Quel type que ce Tom. C'est — un maître — — — . — un touche à — — — (positif) Quand on est propre à tout, on n'est propre à — — — (négatif)
2. every dog has its day/every-thing comes to him who waits	Tout vient à point à qui sait — — — . A chacun son — — — .
3. things will come to a head	Ils discutent depuis deux semaines. Cela — — — bientôt.
4. all's well that ends well	Tout est bien qui — — — — — — .
5. you took the words right out of my mouth	Vous m'enlevez les — — — — — — — — — .
6. two wrongs don't make a right	Une faute n'en excuse pas une — — — .
7. to jump out of the frying pan into the fire	C'était — tomber de Charybe en — — — . — changer son cheval borgne — — — .
8. that works wonders	Cela fait des — — — .
9. it takes all kinds to make a world	Il faut de — — — pour faire un monde.
10. a. think twice	Cela me semble bon, mais j'y regarderais à deux — — — avant de me lancer dans quelque chose d'aussi nouveau.
b. think twice before speaking	Il faut tourner sa langue sept fois dans sa bouche avant de — — — .
11. if my memory serves me right	Si j'ai bonne — — — il viendra demain.
12. to have the ways and means/find the way	Cela me semble bon si vous — avez — — — de le faire. — trouvez la — — — .
13. it's right up my alley	Faire un bridge vendredi ? Ça me — — — / b — — — . Ç — — — . J'en — — — .
14. to champ at the bit	Il n'est marié que depuis deux ans et déjà — il ronge son — — — . — prend son — — — — — — .

131

EXPRESSIONS IDIOMATIQUES

1. **un touche à tout/un maître Jacques/quand on est propre à tout on n'est propre à rien**

   What a guy Tom is. a) Jack-of-all-trades b) Master of none.

2. **tout vient à point à qui sait attendre/à chacun son tour**

   Every dog has its day.

3. **cela aboutira bientôt**

   They've been talking for two weeks. Things will come to a head soon.

4. **tout est bien qui finit bien**

   All's well that ends well.

5. **vous m'enlevez les paroles de la bouche**

   You took the words right out of my mouth.

6. **une faute n'en excuse pas une autre**

   Two wrongs don't make a right.

7. **tomber de Charybe en Scylla/ changer son cheval borgne pour un aveugle**

   I jumped out of the frying pan into the fire.

8. **cela fait des merveilles**

   That works wonders.

9. **il faut de tout pour faire un monde**

   It takes all kinds to make a world.

10. a. **y regarder à deux fois**

    It may sound good now but I would think twice before leaping into anything so new.

    b. **tourner sa langue sept fois dans sa bouche avant de parler**

    You should think twice before speaking.

11. **si j'ai bonne mémoire**

    If my memory serves me right, he's coming tomorrow.

12. **avoir les moyens/trouver la combine**

    It seems good to me; if you have the ways and means.

13. ***ça me chante/*botte/j'en suis/*ça me va**

    A bridge game Friday? It's right up my alley.

14. **ronger son frein/prendre son mal en patience**

    He has only been married two years and he is already champing at the bit.

IDIOMS

1.	to get back one's outlay	Il — est finalement rentré dans ses — — — . — a retróuvé sa — — — .
2.	seeing is believing	Montrez-moi. Je suis comme — — — — — — .
3.	do unto others as you would have others do unto you	Ne faites pas à autrui ce que vous ne voudriez pas que l'on — — — .
4.	it's on the way	C'est en bonne — — — .
5.	to get on one's high horse	Elle — monte toujours sur — — — — — — . — se dresse sur — — — — — — .
6.	the right man in the right place	L'homme qu'il faut à la — — — — — — .
7.	(children) of the first marriage	Ce sont les enfants du premier — — — .
8.	there's no place like home	Rien ne vaut son — — — — — — .
9.	to jump the gun	J'allais l'interroger quand il m'a — — — .
10.	to pull a fast one	Il nous a — b— — — — r— — — — a fait une — — — avec le contrat.
11.	walls have ears	Les murs ont des — — — .
12.	let's bury the hatchet/let bygones be bygones	Enterrons la hache de — — — . Faisons la — — — . Fumons le calumet de la — — — . Oublions le p— — — . Faisons table — — — Passons — — — . Tirons un — — — .
13.	why on earth !	Pourquoi — — — ! Pour l'amour — — — — — — !
14.	double or nothing	Quitte où — — — . D'accord?
15.	have you a light ?	Avez-vous du — — — ?
16.	well done	B — — — !/C — — — !
17.	to be in the dog-house	Attention — vous êtes en — — — — dans ses mauvaises — — — — il vous bat — — — depuis hier.

EXPRESSIONS IDIOMATIQUES

1.	rentrer dans ses frais/retrouver sa mise	At last he got back his outlay.
2.	être comme St Thomas	Show me, seeing is believing.
3.	ne faites pas à autrui ce que vous ne voudriez pas que l'on fasse à vous-même	Do unto others as you would have others do unto you.
4.	c'est en bonne voie	It's on the way.
5.	monter sur ses grands chevaux /se dresser sur ses ergots	She's always on her high horse.
6.	l'homme qu'il faut à la place qu'il faut	The right man in the right place.
7.	les enfants du premier lit	They're the children of the first marriage.
8.	rien me vaut son chez soi	There's no place like home.
9.	devancer qn.	I was going to ask him but he jumped the gun.
10.	*blouser/refaire/*faire une vacherie	He pulled a fast one with the contract.
11.	les murs ont des oreilles	Walls have ears.
12.	enterrer la hache de guerre/ faire la paix/fumer le calumet de la paix/oublions le passé/ faisons table rase/passons l'éponge/tirons un trait	Let's bury the hatchet.
13.	pourquoi diable!/pour l'amour du ciel!	Why on earth !
14.	quitte où double	What do you say ? Double or nothing.
15.	avez-vous du feu ?	Have you a light ?
16.	bravo!/chapeau!	Well done !
17.	être mis en quarantaine/dans les mauvaises grâces de qn./ battre froid	Watch out. You're in the dog-house with him since yesterday.

IDIOMS

1. help yourself (to some more)

— — — du gâteau, je vous prie.

2. you can't fight City Hall or the Establishment/to hit one's head against the wall

Vous vous battez contre des moulins — — — — — .
Vous vous heurtez à un — — — .

3. with all due respect

Avec tout le respect que je vous — — — .
je ne suis pas d'accord.

4. to shoot the works/to go for broke

Nous avons décidé de
— risquer le tout pour le — — — .
— mettre — — — — — — .

5. to throw good money after bad

Vous jetez votre argent par les — — — .
Il faut arrêter les — — — .

6. to bring home the bacon

Il écrit et c'est elle qui fait bouillir la — — — .

7. he's the chief cook and bottle-washer

Jacques est — l'homme de toutes les — — — .
— le f— — — .
On le met à toutes les — — — .

8. to hit the jackpot/to strike it right

Ciel ! Vous avez — décroché le — — — — — — .
— trouvé — — — — — — .

9. to prefer to be a big fish in a little pond than a little fish in a big pond

Il vit à la campagne maintenant et fait de la peinture, car il préfère être le premier dans son village que le — — — — — — — — — .

10. to take the long way

J'ai pris le chemin des — — — .

11. to come out of the blue

Cette remarque est — venue comme — — —
— tombée — — — — — — .
— arrivée comme — — —
— — — .

12. to come out on the market

Le livre va — — — sur le marché bientôt.

13. in the long run

Vous comprendrez à la — — — .

14. to be an absent-minded professor

Il — est toujours — — — .
— dans la — — — .

15. ignorance is bliss

Qui rien ne sait, de rien ne — — — .

EXPRESSIONS IDIOMATIQUES

1. **reprenez du gâteau, je vous prie**

   Help yourself to some more cake.

2. **se battre contre des moulins à vent/se heurter à un mur**

   You can't fight City Hall.

3. **avec tout le respect que je vous dois**

   With all due respect, I don't agree.

4. **risquer le tout pour le tout/ mettre le paquet**

   We decided to go for broke.

5. **jeter l'argent par les fenêtres/ arrêter les frais**

   You're throwing good money after bad.

6. **faire bouillir la marmite**

   He writes and she brings home the bacon.

7. **l'homme de toutes les besognes/le factotum/on le met à toutes les sauces**

   Jack is the chief cook and bottle-washer.

8. **décrocher le gros lot/trouver le filon**

   Wow ! You hit the jackpot.

9. **préférer être le premier dans son village que le second à Rome**

   He's living in the country and painting, having decided he would rather be a big fish in a little pond than a little fish in a big pond.

10. **prendre le chemin des écoliers**

    I took the long way home.

11. **venir comme un cheveu sur la soupe/tomber du ciel/ arriver comme une bombe**

    That remark came out of the blue.

12. **sortir (sur le marché)**

    The book's going to come on the market soon.

13. **à la longue**

    You will understand in the long run.

14. **être dans la lune/distrait**

    What an absent-minded professor!

15. **qui rien ne sait, de rien ne doute**

    Ignorance is bliss.

IDIOMS

1. a. to give s.o. the third degree

Les flics ont − − − le type.

   b. to work s.o. over

Les flics ont passé à − − − .

   c. to give s.o. a rough time /the treatment

Ils lui en − − ont fait voir − − − − − − .
          − ont fait voir − − − − − − .
Ils lui on fait passer un − − − − − − .
Ça a été sa − − − .

   d. to ride roughshod over s.o./ to wipe the floor with s.o.

Ils l'ont − − − le type.
Ils l'ont − traité avec − − − .
      − foulé − − − − − − .
      − mis plus − − − − − − − − − .

2. to be low man on the totem pole

Dans tous les concours de vente il est en bas de − − − .

3. a. to be hard of hearing

Il − est dur de − − − / de − − − − − − .
   − est sourd comme un − − − .
   − a les portugaises − − − .

   b. to turn a deaf ear

Il m'a fait la − − − − − − .

4. to be quick on the uptake/ on the ball

Sue − a la répartie − − −
   − est très − − − .
   − a la réplique − − − .
   − comprend au quart de − − − .
   − a l'esprit − − − .

5. to go to one's head

Toute l'attention dont elle a été l'objet
lui − a monté − − − − − − − − − .
   − a fait une grosse − − − .

6. he can stew in his own juice

Il peut cuire dans − − − − − − .
Qu'il s'en sorte tout − − − .

7. it's like water off a duck's back

Cela ne fait aucun − − − .
Ça − − − .

8. to have class/to be good- looking

Ce manteau a − de − − − .
         − de la g − − − .

9. to take a lot of pain/trouble

Tom se donne beaucoup − de − − − .
             − du − − − .

10. to give s.o. the benefit of the doubt

Je ne suis pas sûr non plus, mais accordons .
lui le bénéfice du − − − .

EXPRESSIONS IDIOMATIQUES

1. a. cuisiner

The cops gave the guy the third degree.

   b. passer à tabac

The cops worked the guy over.

   c. en faire voir de toutes les couleurs/des vertes et des pas mûres/faire passer un mauvais quart d'heure/la fête à qn.

They gave him a rough time of it.

   d. rudoyer qn./traiter avec rudesse/fouler aux pieds/ mettre plus bas que terre

They rode roughshod over the guy.

2. être en bas de l'échelle

In all the sales contests Smith comes out low man on the totem pole.

3. a. être dur d'oreille/de la feuille/ sourd comme un pot/avoir les portugaises ensablées

He's hard of hearing.

   b. faire la sourde oreille

He turned a deaf ear.

4. avoir la répartie facile/être vif/ avoir la réplique facile/ comprendre au quart de tour/ avoir l'esprit prompt

Sue's quick on the uptake.

5. monter à la tête/faire une grosse tête

All the attention she's been getting has gone to her head.

6. il peut cuire dans son jus/qu'il s'en sorte tout seul

He can stew in his own juice.

7. ça glisse/cela ne fait aucun effet

It's like water off a duck's back.

8. avoir de la classe/*de la gueule

This coat has a lot of class.

9. se donner de la peine/du mal/ un mal de chien

He takes a lot of pains with his work.

10. accorder le bénéfice du doute

I'm not sure either, but let's give him the benefit of the doubt.

IDIOMS

1. **to twist s.o. around one's little finger**

   Elle — en fait ce qu'elle — — —.
   — le fait tourner en — — —.

2. **a little bird told me**

   Mon petit doigt me l'a — — —.

3. **if the shoe fits, wear it**

   Qui se sent morveux qu'il se — — —.

4. **too many cooks spoil the broth**

   Trop de cuisiniers gâtent la — — —.

5. **to give s.o. a snow-job/lay it on thick**

   Ecoutez-le — — — qu'il fait.
   Il lui passe de la — — —.

6. **to give s.o. a song and dance/ dodge the question**

   Je suis allée lui demander de l'aide
   mais il a — répondu en — — —.
                    — esquivé — — — — — —.

7. **the die is cast**

   Le sort en est — — —.
   Les jeux sont — — —.

8. **I must give the devil his due**

   Rendez à César ce qui est — — — — — —.
   A chacun son — — —.

9. a. **we're even**

   Nous sommes — — —.

   b. **that settles the score**

   Il faut régler — — — — — —.

   c. **to have an axe to grind/to have a grudge against s.o./ to have a bone to pick with s.o.**

   Elle — lui garde — — —.
   — a une — — — contre sa sœur.
   — lui garde un chien de sa — — —.
   — a une revanche à — — —.

10. **it was the lesser of two evils**

    Entre deux maux, il faut — — — — — — — — —.
    C'est un pis — — —.

11. **to take a rain check, put off accepting an invitation till another time**

    Désolé, je ne pourrais pas venir
    aujourd'hui mais — c'est partie — — —.
                          — nous pourrions — — —
    un autre jour.

12. **a man's home is his castle**

    Charbonnier est maître dans sa — — —.

13. **to give s.o. the red-carpet treatment**

    Il a été reçu avec tous les — — —.

14. **that's neither fish nor fowl/ neither here nor there**

    Ce n'est ni chair ni — — —.
    C'est ni figue ni — — —.

EXPRESSIONS IDIOMATIQUES

1. **en faire ce que l'on veut/faire tourner en bourrique**

   She can twist him around her little finger.

2. **mon petit doigt me l'a dit**

   A little bird told me.

3. **qui se sent morveux qu'il se mouche**

   If the shoe fits, wear it.

4. **trop de cuisiniers gâtent la sauce**

   Too many cooks spoil the broth.

5. **faire du baratin/passer de la pommade**

   Listen to the snow-job he's giving her.

6. **esquiver la question/répondre en Normand**

   I went to him for help but he gave me a song and dance.

7. **le sort en est jeté/les jeux sont faits**

   The die is cast.

8. **rendez à César ce qui est à César/à chacun son dû**

   I must give the devil his due.

9. a. **nous sommes quittes**

   We're even.

   b. **régler les comptes**

   Let's settle the score.

   c. **garder rancune/avoir une dent contre qn./en vouloir à qn./ garder un chien de sa chienne/ une revanche à prendre**

   She has a grudge against her sister.

10. **entre deux maux il faut choisir le moindre/c'est un pis-aller**

    It was the lesser of two evils.

11. **c'est partie remise/remettre qch. à un autre jour**

    Sorry, I won't be able to come today but I'll take a rain check.

12. **charbonnier est maître dans sa maison**

    A man's home is his castle.

13. **être reçu avec les honneurs**

    He got the red-carpet treatment.

14. **ce n'est ni chair ni poisson/ mi-figue mi-raisin**

    That's neither here nor there.

IDIOMS

1. **to have one's fingers in many pies**

Souvent les hommes d'affaires
— ont plusieurs cordes — — — — —.
— jouent sur plusieurs tableaux — — —

2. **forewarned is forearmed**

Un homme averti en — — — — — —.

3. **the grass is always greener on the other side**

C'est toujours mieux chez le voisin que — — — — — —

4. **as the story goes**

D'après ce qu'on — — — c'est elle qui l'a quitté.

5. **there's no turning the clock back**

On ne peut — revenir en — — —.
— faire — — — — — —.

6. **to be as blind as a bat**

Elle est myope comme une — — —,

7. **to each his own**

Vous aimez le chocolat et moi pas,
eh bien, — à chacun — — — — — —.
— des goûts et des couleurs
— — — — — — — — — — — —.

8. **that's a horse of a different colour**

Ça c'est une autre paire de — — —.

9. **to rack one's brains**

Je me suis — cassé la — — —
— creusé la — — —,
et pourtant je ne trouve pas la réponse.

10. **better late than never**

Mieux vaut tard que — — —.

11. **it's his bread and butter**

S'il perd cela, tout est fini. C'est son
— — — — — —.

12. **it's enough to drive you crazy**

Ses mensonges continuels suffisent à vous
— — — — — —.

13. a. **I could stand a drink/do with**

Je — — — bien un verre.

b. **to drink alone**

Mais je n'aime pas boire en — — —.

14. **lead a horse to water but can't make him drink**

On ne saurait faire boire un âne qui n'a pas — — —

15. **half a loaf is better than none**

c'est — déjà — — —.
— toujours — — — !

EXPRESSIONS IDIOMATIQUES

1. **avoir plusieurs cordes à son arc/jouer sur plusieurs tableaux à la fois**

   Big businessmen often have their fingers in many pies at the same time.

2. **un homme averti en vaut deux**

   Forewarned is forearmed.

3. **c'est toujours mieux chez le voisin que chez soi**

   The grass is always greener on the other side.

4. **d'après ce qu'on dit**

   As the story goes, it was she who left him.

5. **on ne peut pas revenir en arrière/on ne peut plus faire marche-arrière**

   There's no turning the clock back.

6. **myope comme une taupe**

   She's as blind as a bat.

7. **à chacun son goût/des goûts et des couleurs on ne discute pas**

   You like chocolate and I don't, well each to his own.

8. **c'est une autre paire de manches**

   That's a horse of a different colour,

9. **se casser la tête/se creuser la cervelle**

   I've racked my brains and still haven't found the answer.

10. **mieux vaut tard que jamais**

    Better late than never.

11. **c'est son gagne-pain**

    If he loses that, he's finished. It's his bread and butter.

12. **c'est à vous rendre fou**

    His continual lying is enough to drive you crazy.

13. a. **je boirais bien qch.**

    I could stand a drink.

    b. **boire en suisse**

    But I don't like to drink alone.

14. **on ne saurait faire boire un âne qui n'a pas soif**

    You can lead a horse to water but can't make him drink.

15. **c'est déjà ça/toujours ça (de pris)**

    Half a loaf is better than none.

IDIOMS

1. **to be on the rocks/going to the dogs/go down the drain**

   L'affaire — va à vau − − − / à la − − − .
   — est tombée à -- − − .
   — est dans le − − − .
   — se casse la − − − .
   — a du plomb dans − − − .

2. **do as I say, not as I do**

   Faites ce que je dis, pas ce que je − − − .

3. **to be in the same boat**

   Nous sommes tous — dans le − − − − − − .
   — dans le − − − − − − .
   — logés à la même − − − .

4. **an eye for an eye**

   Je me vengerai — coup pour − − − .
   — c'est la loi du − − − .
   — œil pour œil − − − − − − .

5. **let's get back to what we were talking about**

   Revenons à − − − − − − .

6. a. **he gets on my nerves/is a pain in the neck/gets on my wick**

   Il — me tape sur les − − − / le − − − .
   — me court sur le − − − .
   — m'é − − − .
   — me fait − − − .

   b. **what a pain in the neck!**

   Quel − casse − − − ! / e− − − ! / r− − − !

7. **you're skating on thin ice/ walking on a tightrope**

   Attention — vous marchez sur des − − − .
   — vous êtes sur la corde − − − .
   — vous vous engagez sur un − − − .

8. **to be caught red-handed with the goods**

   Il a été pris — la main dans le − − − .
   — sur le − − − .
   — en flagrant − − − .

9. **bought it for a song/dirt cheap**

   Je l'ai eu pour — une bouchée − − − .
   — r− − − .
   — trois − − − − − − .
   C'était − − − .

10. **it's as plain as the nose on your face**

    Ça se voit comme le nez au − − − − − − .
    C'est clair comme le − − − .
    Ça saute − − − − − − .

11. **no strings attached/above-board**

    Je crois vraiment qu'il l'a dit
    — en toute − − − .
    — en tout bien tout − − − .
    — sans é − − − .

EXPRESSIONS IDIOMATIQUES

1. aller à vau-l'eau/à la dérive/ tomber à l'eau/être dans le lac/*se casser la gueule/ avoir du plomb dans l'aille

   Since the boss died the business is going to the dogs.

2. faites ce que je dis, pas ce que je fais

   Do as I say, not as I do.

3. être dans le même bateau/ dans le même bain/logés à la même enseigne

   We're all in the same boat.

4. coup pour coup/c'est la loi du talion/œil pour œil, dent pour dent

   I'll get even. An eye for an eye.

5. revenons à nos moutons

   Let's get back to what we were talking about.

6. a. il me tape sur les nerfs/le système/m'énerve/*me court sur le haricot/*me fait suer

   He gets on my nerves.

   b. quel casse-pied! /*enquiqui- neur! raseur!

   What a pain in the neck he is!

7. marcher sur des œufs/sur la corde raide/s'engager sur un terrain dangereux

   Careful, you're skating on thin ice.

8. être pris la main dans le sac/ sur le fait/en flagrant délit

   He was caught red-handed.

9. l'avoir pour une bouchée de pain/pour rien/trois fois rien/c'est donnée

   I bought it for a song.

10. ça se voit comme le nez au milieu de la figure/c'est clair comme le jour/ça saute aux yeux

    It's plain as the nose on your face.

11. en toute sincérité/en tout bien tout honneur/sans équivoque

    I truly believe he meant it with no strings attached.

IDIOMS

1. to murder French

Il — parle le français comme une — — —.
— parle petit — — —.

2. to sleep in the open air

Jean a couché à la — — — — — —.

3. a jawbreaker/a difficult name to say

Henri a un nom à — — — — — — — — —.

4. a. to be very thirsty

J'ai la — — —.

b. to be hungry

J'ai la f— — —.

c. there's nothing to eat

Je n'ai rien à me mettre sous la — — —.

5. as the crow flies/in a straight line

A vol — — — Paris est à 150 km de Deauville.

6. I should have kept my big mouth shut

J'ai manqué une belle occasion de — — — — — —.

7. you're telling me! /you think so? /you're not kidding!

Tu p— — —!

8. everything is relative (it's easy to shine when there's no real competition around)

Au royaume des aveugles les borgnes sont — — —.

9. once doesn't make it a habit/ just this once

Une fois n'est pas — — —.

10. to be well set-up/established

Les Durand ont pignon sur — — —.

11. ... if my aunt had ... (not strong, they also have our expression — see 'Words not to say'), if pigs could fly

Avec des si et des mais on mettrait Paris en — — —.

12. to bring a bottle to room temperature

Avant de boire un bon vin, il faut le — — —.

13. to eat one's heart out

Elle — se ronge les — — —.
— a le cœur — — —.

14. not to hold a candle to s.o.

Il n'arrive pas à — la — — —
— la c — — —
de son frère.

15. ... doesn't know when ... well off

Jane ne se rend pas compte de la chance qu'elle — — —.

145

EXPRESSIONS IDIOMATIQUES

1. parler français comme une vache espagnole/parler petit nègre	He murders French.
2. coucher à la belle étoile	Jack slept in the open air.
3. un nom à coucher dehors	Henry has a difficult name to say.
4. a. *avoir la pépie	I'm very thirsty.
b. *avoir la fringale	I'm very hungry.
c. ne rien avoir à se mettre sous la dent	There's nothing to eat.
5. à vol d'oiseau	In a straight line Paris is 150 km from Deauville.
6. manquer une belle occasion de se taire	I should have kept my big mouth shut.
7. tu parles !	You're telling me!
8. au royaume des aveugles, les borgnes sont rois	Everything is relative.
9. une fois n'est pas coutume	Once doesn't make it a habit.
10. avoir pignon sur rue	The Smiths are well set-up.
11. avec des si et des mais on mettrait Paris en bouteille	If my Aunt had . . .
12. chambrer du vin	Before drinking a good wine, you must bring it to room temperature.
13. se ronger les sangs/avoir le cœur gros	She's eating her heart out.
14. ne pas arriver à la hauteur de qn./à la cheville de qn.	He can't hold a candle to his brother.
15. ne pas se rendre compte de la chance qu'on a	Jane doesn't know when she's well off.

146

IDIOMS

1. **don't bite my head off! / cool it! /take it easy!**

   Ne — prends pas la — — — !
   — t' — — — — — — !
   — fais pas tout un — — — !

2. **to work hand in glove with**

   Il — est en — — — ,
   — est d — — — / de — — — avec les flics.

3. **to bring the house down/to be a smash**

   Il — a remporté un succès — — — .
   — a brûlé les — — — .
   — s'est fait applaudir à tout — — — .
   — a fait un — — — .

4. **make yourself at home !**

   Faites comme chez — — — !
   Vous êtes ici chez — — — !

5. **it isn't to be sneezed at**

   Ce n'est pas — — — .
   Il ne faut pas cracher — — — .

6. **wait till it blows over**

   Laissez — passer la — — — .
   — les choses se — — — .

7. **to have a hangover**

   Ce matin j'ai — la — — — — — — — — — .
   — la g — — — .
   — mal aux — — — .

8. **to bend over backwards/to put oneself out/go all out**

   Je — me mettrais en — — — .
   — ferais — — — / tout mon — — — .
   — ferais de mon — — — .
   — me donnerais corps et — — — .
   — me donnerais à — — — .
   — me donnerais un mal — — —
   pour l'aider.

9. **it's on me/my treat**

   Je vous l' — — — .
   C'est ma — — — .
   C'est moi qui — — — .
   C'est pour — — — .

10. **to hold out on s.o.**

    Vous cachez bien votre — — — .

11. **to pay s.o. back/to get even**

    Je lui rendrai — la — — — — — — — — — .
    — la — — — .

12. **to know all the ins and outs**

    Je connais — tous les tenants et — — — .
    — tout de A à — — — .

13. **make it short/short and sweet**

    Les plaisanteries les plus courtes sont les — — — .

EXPRESSIONS IDIOMATIQUES

1. ne prends pas la mouche! /ne t'emballe pas! /*n'en fais pas tout un plat!

Don't bite my head off !

2. être en cheville/d'intelligence avec/de mèche

He works hand in glove with the cops.

3. remporter un succès fou/ brûler les planches/se faire applaudir à tout rompre/faire un malheur

He brought the house down.

4. faites comme chez vous ! / vous êtes ici chez vous !

Make yourself at home !

5. ce n'est pas à dédaigner/il ne faut pas cracher dessus

It isn't to be sneezed at.

6. laissez passer la tempête/les choses se calmer

Wait till it blows over.

7. *avoir la gueule de bois/*la g.d.b./*mal aux cheveux

This morning I have a hangover.

8. se mettre en quatre/faire l'impossible/tout son possible/ de son mieux/se donner corps et âme/à fond/se donner un mal fou

I'd bend over backward to help her.

9. je vous l'offre/c'est moi qui paye/c'est pour moi/ma tournée

It's on me.

10. cacher son jeu

You're holding out on me.

11. rendre la monnaie de sa pièce/ la pareille

I'll get even.

12. connaître tous les tenants et les aboutissants/tout connaître de A à Z

I know all the ins and outs.

13. les plaisanteries les plus courtes sont les meilleures

Make it short !

IDIOMS

1. **to draw stg. out of s.o.**

   Il m'a — tiré les vers du — — — .
   — s— — — la vérité.

2. a. **to put one's foot down**

   Quand il reviendra il
   — mettra le — — — .
   — fera acte — — — .
   — serrera la — — — .

   b. **the heat's on**

   Ca — — — / b— — — .
   On — resserre les — — — .
   — est sur les — — — .

3. **it's not worth the paper it's written on**

   Cela ne — vaut — — — / vaut pas — — — .
   C'est — n— — — / z— — — .

4. **to make a clean sweep**

   Ils ont — tout — — — ,
   — fait place — — — ,
   — fait table — — — ,
   et ont décidé de recommender.

5. **to spell stg. out**

   Dois-je — mettre les points sur les — — — ?
   — faire un — — — ?

6. **that's stg. to write home about**

   C'est à marquer sur vos — — — .

7. **to have a stag party to celebrate one's wedding**

   Samedi soir, il va enterrer sa vie de — — — .

8. **to get ready/wash**

   Cela me prend toujours beaucoup de temps pour faire ma — — — .

9. a. **sleep easy !**

   Vous pouvez dormir sur vos deux — — — .

   b. **don't worry about it !**

   Ne vous faites pas de — — — !

   c. **that's a load off my mind**

   Ouf! Vous m'avez ôté — un grand — — — .
   — une belle — — — .

10. **to be elected to the French Academy**

    Il a été reçu sous la — — — .

11. **that takes some doing!**

    Il faut le — — — !

12. a. **to keep s.o. waiting**

    Il m'a fait — — — dans la rue.

    b. **to be kept waiting/hanging around**

    J'ai fait le pied — — — — — — .

13. **it's open to anyone/anyone can go in**

    On y entre comme dans un — — — .

EXPRESSIONS IDIOMATIQUES

1. tirer les vers du nez/soutirer la vérité	He drew it out of me.
2. a. mettre le holà/faire acte d'autorité/serrer la vis	When he comes back, he's going to put his foot down.
b. ça chauffe/ça barde/être sur les dents/resserrer les filets	The heat's on.
3. cela ne vaut rien/pas tripette/ c'est nul/zéro	It's not worth the paper it's written on.
4. tout balayer/faire place nette/ table rase	They made a clean sweep and decided to start again.
5. mettre les points sur les 'i', faire un dessin	Do I have to spell it out?
6. c'est à marquer sur vos tablettes	That's something to write home about.
7. enterrer sa vie de garçon	Saturday night he's going to have a stag party to celebrate his wedding.
8. faire sa toilette	It always takes me a long time to get ready.
9. a. vous pouvez dormir sur vos deux oreilles	Sleep easy !
b. ne vous faites pas de soucis	Don't worry about it !
c. ôter un grand poids/ une belle épine du pied	Wow! That's a load off my mind.
10. être reçu sous la coupole	He was elected to the French Academy.
11. il faut le faire!	That takes some doing !
12. a. faire poireauter qn.	He kept me waiting in the street.
b. faire le pied de grue	I was kept waiting.
13. on y entre comme dans un moulin	Anyone can go in.

150

SOME BUSINESS TERMS

VOCABULAIRE D'AFFAIRES

1. assets ≠ liabilities	actif ≠ passif
2. a. assembly line	chaîne de montage
b. mass production ≠ by the piece	travail à la chaîne ≠ à la pièce
3. balance sheet	bilan
4. to balance the books	solder un compte
5. a. bank rate	taux de banque
b. minimum lending rate	taux de prêt minimum
c. rate of exchange	taux de change
d. compound interest	intérêt composé
6. a. bankruptcy	banqueroute, faillite
b. go bankrupt	déposer son bilan
7. a bargain	une bonne affaire
8. a. a bid, to bid	une offre, faire une offre
b. auction sale	vente aux enchères
c. the highest bidder	surenchère, le plus offrant
9. board meeting	Conseil d'Administration
10. book-keeping, accounting	la comptabilité
11. a brief, briefing	un topo, exposé
12. errand boy	garçon de courses
13. a. cash-down, deposit	les arrhes
b. instalment	acompte
14. a. to print	imprimer
b. a printer	un imprimeur
15. department store	un grand magasin
16. a. a discount	remise
b. something off	un escompte
17. estate	la succession, les biens
18. to endorse	endosser
19. estimate	devis

SOME BUSINESS TERMS

1. face value	valeur nominale
2. a. to load ≠ unload	charger ≠ décharger
b. freight, cargo	le fret, la cargaison
3. please advise	veuillez notifier
4. a. forwarding agent	transitaire
b. shipper	chargeur
5. under separate cover	sous pli séparé
6. gold standard	étalon or
7. goodwill	renom, bonne entente, clientèle, pas de porte
8. a. stock-market	la Bourse
b. stockbroker	agent de change
c. a share, stock	une action, une part
9. a. an investment	un placement d'argent
b. to invest	investir
c. investor, backer	investisseur
10. gross profit ≠ net profit	bénéfice brut ≠ bénéfice net
11. a loan	un prêt
12. seniority	priorité d'âge, ancienneté
13. wholesale ≠ retail	vente en gros ≠ au détail
14. freight prepaid ≠ freight collect	port payé ≠ port dû
15. a. ex-works	départ usine
b. FOB	rendu à bord
16. acknowledgement of receipt	accusé de réception
17. to hire, take on ≠ to fire, lay off, sack, to oust, to give the boot, the axe	engager, embaucher ≠ congédier, renvoyer, *saquer, *balancer, mettre à la porte, débaucher, *vider
18. to honour an obligation	faire face à, s'en acquitter
19. IOU	reconnaissance de dettes
20. a merger	une fusion d'entreprises
21. middle man	intermédiaire

VOCABULAIRE D'AFFAIRES

1.	a. mortgage	hypothèque
	b. a lease	un bail
2.	overall picture	vue d'ensemble
3.	a. the output	la production
	b. turnover	chiffre d'affaires
4.	overhead	frais généraux
5.	a. parent company	société mère
	b. branch office	succursale
6.	poll	sondage
7.	power of attorney	procuration
8.	quota	contingent
9.	dry dock	cale sèche
10.	a. rent	loyer
	b. to sublet	sous-louer
11.	a deal	un accord, arrangement
12.	a. to rig, fix	trafiquer, truquer
	b. a bribe	un pot de vin
	c. a kickback	un dessous de table
13.	a. discount bank	banque d'escompte
	b. checking, or bank account	compte en banque
	c. savings bank	caisse d'épargne
14.	settlement	réglement d'une affaire
15.	security	une garantie, une caution
16.	schedule	programme, agenda
17.	silent partners	commanditaires
18.	sliding scale	échelle mobile
19.	slump, recession, downward trend ≠ hike, boom, upward trend	une baisse ≠ une hausse
20.	to smuggle	faire de la contrebande

SOME BUSINESS TERMS

1.	a. to sue	faire un procès, poursuivre en justice
	b. a suit	un procès
2.	we have duly received . . .	nous avons bien reçu . . .
3.	witness	témoin
4.	a. expense account	note de frais
	b. expenditures	frais, dépenses
5.	a. trade union	syndicat ouvrier
	b. to strike	faire la grève
6.	COD ≠ prepaid	contre-remboursement ≠ payé d'avance
7.	tenure	période de jouissance ou d'occupation
8.	due on	à échéance de
9.	a. to underwrite	souscrire
	b. to subsidize	subventionner
10.	a. a voucher	une pièce justificative
	b. to vouch	se porter garant
11.	working capital	fonds de roulement
12.	to write off	amortir, passer à Pertes et Profits
13.	a steady demand	une demande soutenue
14.	it's worthwhile	cela vaut la peine
15.	working to capacity	travail à pleine capacité
16.	it's a 'must'	c'est obligatoire, impératif
17.	remittance, to remit	remise d'argent, remettre
18.	a claim, to claim	une réclamation, réclamer
19.	at a loss to understand	on n'arrive pas à comprendre
20.	to take for granted	prendre pour acquit
21.	to have market potential	avoir un marché potentiel
22.	to thrash out	discuter un problème sous tous ses aspects
23.	to break ground	faire des fondations
24.	a backlog	travail en suspens
25.	to keep pace with	suivre la cadence

VOCABULAIRE D'AFFAIRES

1.	supply and demand	l'offre et la demande ·
2. a.	a trial order	une commande d'essai
b.	sample	échantillon
3.	a lead, a tip	un tuyau
4.	leaflet, folder, brochure	un prospectus, une brochure, dépliant
5.	shortcomings, flaws	défauts, imperfections
6.	spare parts	pièces détachées, de rechange
7.	to match in price	être compétitif
8.	bill outstanding, overdue ≠ paid up	facture impayée ≠ payée
9.	to overbuy	acheter de trop
10.	a brainwashing	un lavage de cerveau
11.	key money	pas de porte
12.	shopkeeper	commerçant
13.	range	ordre de grandeur
14.	an ad	une annonce
15.	a gimmick	un 'truc', une astuce
16.	to file taxes	déclarer les impôts
17.	by return mail	par retour du courrier
18.	at your disposal	à votre disposition
19.	please find enclosed . . .	veuillez trouver ci-joint . . .
20.	a follow-up letter	une lettre de relance, rappel
21.	liable/subject to duty	passible de droits
22. a.	bank note	billet de banque
b.	bill of exchange, draft	lettre de change, traite
23.	maintenance	entretien
24.	hard cash	espèces sonnantes
25.	filing cabinet	classeur
26.	departmental head	chef de service
27.	to entrust to, confide in	confier à

SOME BUSINESS TERMS

1. a. pay-roll	la paie
b. pay-sheet	feuille de paie
2. unless otherwise stated	sauf avis contraire
3. we would appreciate . . . would you be so kind as to . . .	nous vous serions reconnaissants de bien vouloir . . .
4. deed	acte sur papier timbré
5. a. handle with care, fragile	fragile
b. damaged	endommagé
6. a. cost price	prix de revient
b. list price	prix du catalogue
c. at any price	à tous prix
d. average price inclusive	prix moyen tout compris
7. free of charge, on the house	sans frais, *à l'œil
8. to refund, reimburse	rembourser
9. letter of apology	lettre d'excuses
10. letterhead	papier à en-tête
11. a. yours faithfully	veuillez agréer, monsieur/madame, l'expression de mes sentiments les meilleurs
b. sincerely yours	je vous prie de croire, monsieur/madame, à l'expression de mes sentiments distinguées
c. very truly yours	cordialement vôtre
d. best regards	bien amicalement
e. warmest personal regards	amitiés
f. fondly	affectueusement
g. love (and kisses)	grosses bises, je t'embrasse

157

100 TYPICAL MISTAKES

Fill in a correction or a translation in the second column.

1. a. I have lived in Paris for ten years

   _____

   b. They have been married for six months.

   _____

2. They were very successful in Rome.

   _____

3. Je vais au coiffeur et après au médecin.

   _____

4. Je vais demander ma femme.

   _____

5. He took me to that restaurant last week.

   _____

6. Il l'a volé de sa société.

   _____

7. The police came and asked many questions.

   _____

8. More bread, please (restaurant)

   _____

9. No more, thank you. I'm full.

   _____

10. J'arrive !

    _____

11. Il y avait cinquante gens.

    _____

12. Il était accompagné par sa femme.

    _____

13. a. Je le ai demandé.

    _____

    b. Je l'ai parlé hier?

    _____

14. Je suis tant content.

    _____

15. Je suis fâché avec lui.

    _____

16. Je l'ai entendu sur la radio.

    _____

17. Rien est impossible.

    _____

18. C'est cela ce que m'intéresse.

    _____

1. a. J'habite Paris depuis dix ans. Or: Cela fait dix ans que j'habite Paris.

   b. Ils sont mariés depuis six mois.

2. Ils avaient beaucoup de succès à Rome (to be successful = avoir du succès).

3. Je vais chez le coiffeur et après chez le médecin.

4. . . . à ma femme

5. Il m'a emmené . . . (never: prendre).

6. Volé à . . .

7. La police est venue et a posé (police-singulier: poser une question).

8. Encore du pain.

9. Plus rien, merci. Je ne veux plus rien manger. J'ai assez mangé. *Je cale (not: je suis plein).

10. I'm coming.

11. . . . cinquante personnes . . .

12. . . . accompagné de . . .

13. a. Je lui ai demandé.

    b. Je lui ai parlé.

14. ↝ Je suis si content.

15. . . . fâché contre . .

16. . . . entendu à la radio.

17. . .. rien n'est . .

18. C'est ce qui m'intéresse.

19. J'ai acheté ce livre dans la bibliothèque du coin.
_____

20. Time flies.
_____

21. Je pense souvent de vous.
_____

22. Il a des connections dans la police.
_____

23. — Votre robe est jolie.
    — Merci.
_____

24. The book is selling well.
_____

25. Je suis content avec ce qu'il a fait.
_____

26. Her hair is black.
_____

27. Personne m'a vu.
_____

28. Elle s'attend un bébé.
_____

29. A peine il est entré que le téléphone sonne.
_____

30. Je crains que je t'ai fait de la peine.
_____

31. a. Whose book is this?
_____

    b. She's the women whose husband was wounded in the war.
_____

32. a. le/la poste.
_____

    b. le/la morale.
_____

    c. le/la critique.
_____

    d. le/la somme.
_____

    e. le/la voile.
_____

161

19. . . . chez le libraire (bibliothèque = library).

20. Le temps s'en va passe (not
vole).

21. . . . pense à . . .

22. . . . il a des relations dans
(avec).

23. The French rarely say 'merci'
after a compliment. 'Vous
trouvez? ' is often used.

24. Le livre se vend bien.

25. Je suis content de ce qu'il a
fait.

26. Ses cheveux sont noirs (hair
= plural).

27. Personne ne m'a vu.

28. Elle attend un bébé.

29. A peine était-il . . . (inversion
when you begin in the
sentence with: 'à peine'.)

30. Je crains de t'avoir fait . . .

31. a. A qui appartient ce livre?

    b. C'est la femme dont le mari a
été blessé pendant la guerre.

32. a. le poste = radio: la = post
office.
    b. la morale = morality: le =
good mood.
    c. le critique = critic: la = a
review.
    d. le somme = a nap: la = a sum.

    e. le voile = a veil: la = a sail.

33. a. If I have money, I'll go _____

b. If I had . . . I'd go. _____

c. If I had had . . . , I'd have gone _____

34. Les voitures européennes sont moins vites. _____

35. Téléphonez-moi afin que je peux savoir. _____

36. Cela dépend sur lui. _____

37. Ayez un bon temps. _____

38. Je connais une place très bien. _____

39. Peu par peu on a compris. _____

40. Je vous le dirai quand je vous vois. _____

41. C'est confusant. _____

42. L'eau est froid. _____

43. Savez-vous comment nager? _____

44. a. J'ai mal à ma tête. _____

b. Elle a lavé les mains. _____

45. C'est trois heures et un quart. _____

46. a. C'est quelque chose de très beau. _____

b. C'est une belle chose. _____

47. Je veux parler avec M. Smith, s.v.p. _____

48. Demandez-lui la question. _____

49. a. I gave it to him. _____

b. I paid him. _____

c. I paid him five francs. _____

163

33. a. Si j'ai de l'argent, j'irai.

    b. Si j'avais de l'argent, j'irais.

    c. Si j'avais eu de l'argent, je serais allé.

34.   . . . sont moins rapides.

35.   . . . afin que je puisse . . . (subj.)

36.   . . . dépend de . . .

37.   Amusez-vous bien (have a good time).

38.   un endroit

39.   Peu à peu . . .

40.   . . . quand je vous verrai (usually future and not present after: 'quand').

41.   C'est embrouillé. Or: Je n'y comprends rien.

42.   . . . froide.

43.   Savez-vous nager?

44. a. J'ai mal à la tête.

    b. Elle s'est lavé les mains.

45.   Il est trois heures et quart.

46.   Both are correct.

47.   . . . parler à . . .

48.   Posez-lui . . . (poser une question).

49. a. Je le lui ai donné.

    b. Je l'ai payé.

    c. Je lui ai payé cinq francs.

50. Business is business. _____

51. On a eu un désagrément. _____

52. The news of the day is terrible. _____

53. J'ai ordonné deux cafés _____

54. a. C'est un désappointement. _____

  b. On a été désappointé. _____

55. Je prends exception à cela. _____

56. a. Je lui ai aidé. _____

  b. Je l'ai répondu. _____

57. a. Je n'ai pas d'argent. _____

  b. Il me manque de l'argent _____

  c. J'ai beaucoup d'argent. = (correct?) _____

58. They advertise in Elle. _____

59. C'est la raison pourquoi il n'est pas venu. _____

60. C'est trois kilomètres de Paris. _____

61. Elle a tombé dans la rue. _____

62. a. Prenez du médecin toutes les heures. _____

  b. Prenez une pilule toutes les heures. _____

63. C'est difficile à te dire et à écrire tout cela. _____

64. Je crains qu'elle ne peut pas le faire. _____

65. Il a mouru l'année dernière. _____

66. J'ai visité un ami hier. _____

50. Les affaires sont les affaires.

51. '. . . une dispute'. Or: 'on était en désaccord'.

52. Les nouvelles du jour sont horribles (always plural in French).

53. J'ai commandé . . .

54. a. . . . déception

   b. . . . on était déçu.

55. Je ne suis pas d'accord.

56. a. Je l'ai aidé.

   b. Je lui ai répondu.

57. All are correct. No article with negative or adjective.

58. Ils font de la publicité dans Elle (faire de la publicité).

59. . . . la raison pour laquelle . . .

60. C'est à trois kilomètres de Paris.

61. . . . est tombée . . .

62. a. . . . des médicaments . . . (médecin = doctor).

   b. . . . un comprimé, un cachet (la pilule = the pill).

63. C'est difficile de te dire et de t'écrire.

64. . . . ne puisse . . .

65. . . . est mort . . .

66. . . . rendu visite à (visiter = only for monuments, towns).

67. J'étais né à New York. _____

68. Qu'est-ce qu'on discutait? _____

69. J'ai été ici plus que neuf ans. _____

70. C'est la seule soirée que je ne suis pas libre. _____

71. Je suis allé à la côte pour les vacances. _____

72. On se couche ensemble depuis un mois. _____

73. Il a pourvu pour sa femme. _____

74. J'ai eu un rêve hier soir. _____

75. Il entra la pièce. _____

76. J'ai bu de la même verre. _____

77. a. Please give me some water. _____

   b. I don't want water. _____

   c. Some cold water, please. _____

78. C'est celui-là que me plaît. _____

79. I think I can do it. _____

80. I called him yesterday. _____

81. I slept each day after lunch. _____

82. What do you want me to do? _____

83. J'ai réussi de le faire. _____

84. a. She's a good friend of mine. _____

   b. Carol, ma amie, est très jolie. _____

167

67. Je suis né = I was born.

68. De quoi **discutions-nous?**
     (What were we talking about?)

69. Je suis ici depuis plus de . . .
     (I have been here for more
     than nine years.)

70. . . . où je ne suis pas libre.

71. . . . sur **la côte** . . .

72. **On couche ensemble** . . .

73. Il a pourvu sa femme (provide
     for = pourvoir qn.).

74. J'ai fait **un rêve** . . .

75. Il **entra** dans . . .

76. J'ai **bu** dans . . .

77. a. Donnez-moi de l'eau s.v.p.

    b. Je ne veux pas d'eau.

    c. De l'eau froide s.v.p.

78. . . . **celui-là** qui . . .

79. Je pense pouvoir le faire
     (frequent use of the infinitive
     in French).

80. Je lui ai téléphoné hier.

81. Chaque après-midi, je dormais
     après le déjeuner (l'imparfait
     for repeated action).

82. Qu'est-ce que vous voulez que
     je fasse? (vouloir = subj.).

83. J'ai réussi à le faire.

84. a. C'est une de mes bonnes amies.

    b. Carol, mon amie, est très jolie.

85.   Write in case you need help.   _____

86. a. She misses her family   _____

     b. I'm missing one.   _____

87.   Elle fume jamais.   _____

88.   He showed it to him.   _____

89.   She doesn't like him and I
      don't either.   _____

90.   Il est un homme très haut.   _____

91.   I want to finish before he
      comes.   _____

92.   Elle est très forte en anglais.   _____

93.   Je voudrais que tu étais ici.   _____

94.   hôpital, animal, principal,
      journal, cheval (give plural)   _____

95.   cruel, blanc, doux, faux,
      frais, franc, sec, gentil (give
      feminine)   _____

96.   Il m'a donné une gifle après
      lequel il est parti.   _____

97.   Où sont indiqués le temps des
      trains?   _____

98.   Translate: stranger, foreigner,
      acquaintance   _____

99.   J'ai approché l'homme.   _____

100. Voulez-vous que j'y vais?   _____

101. Leave it with my mother.   _____

85.   Ecrivez au cas où vous auriez besoin (after: 'in case' = the conditional).

86. a. Sa famille lui manque.

   b. Il m'en manque un.

87.   Elle ne fume jamais.

88.   Il le lui a montré.

89.   Elle ne l'aime pas et moi non plus (you don't have to repeat the verb in French).

90.   C'est un homme très grand.

91.   Je veux le terminer avant qu'il ne vienne (subj.).

92.   She is very good at English. (fort =/strong/good in . . .)

93.   . . . que tu sois . . . (subj.).

94.   hôpitaux, animaux, principaux, journaux, chevaux

95.   cruelle, blanche, douce, fausse, fraîche, franche, sèche, gentille

96.   . . . après quoi = after which

97.   . . . les horaires des . . .

98.   inconnu, étranger, connaissance

99.   Je me suis approché de l'homme.

100.   Voulez-vous que j'y aille? (subj.).

101.   Laissez-le à ma mère.

ADVERBS AND PHRASES

ADVERBES ET LOCUTIONS

1. **hardly, barely, scarcely, no sooner** — à peine

2. **anyway, anyhow, all the same** — quand même, tout de même

3. **one out of five** — un sur cinq

4. **on purpose** — exprès, à dessein

5. **in any case, at any rate** — de toute façon

6. **however** — cependant

7. **immediately, right now, at once** — tout de suite, immédiatement

8. **although** — bien que, quoique

9. **in spite of, despite** — malgré

10. **together** — ensemble

11. **any more, any longer** — ne plus

12. **every other week** — toutes les deux semaines

13. **regardless, whatever, no matter what** — quel-que soit

14. **besides, what's more, furthermore, moreover** — en outre, de plus, d'autre part, du reste, qui plus est

15. **for good, forever** — pour de bon, à jamais

16. **all day long** — de toute la journée

17. **on the whole, by and large** — dans l'ensemble

18. **nowadays** — de nos jours

19. **briefly, to make a long story short, in a nutshell** — bref, en un mot

20. **a little while ago, in a little while** — tout à l'heure (passé-futur)

21. **beyond** — au-delà

22. **as far as, as regards** — en ce qui concerne

23. **by all means, not at all** — je vous en prie (politesse)

24. **as a matter of course** — automatiquement

25. **of late, lately** — dernièrement

26. **at times** — parfois

27.	it still remains that	toujours est-il, il n'en reste pas moins que
28.	afterwards	ensuite
29.	sooner or later	tôt ou tard
30.	at first, from the first	tout d'abord, dès le début
31.	eventually	d'ici quelque temps
32.	definitely	sûrement
33.	by (June)	d'ici (juin)
34.	all over, everywhere	partout
35.	as of, from . . . on	à partir de, dès
36.	this time next week	aujourd'hui en huit
37.	actually, as a matter of fact	en fait
38.	if not, or else	sinon
39.	short-lived	de courte durée
40.	the following night	le lendemain soir
41.	shortly before	peu de temps avant
42.	off and on, from time to time	de temps en temps, de temps à autre
43.	apart from	mis à part
44.	for the sake of argument	pour les besoins de la cause
45.	hence, thus, therefore	donc
46.	that's a case in point, for instance	à titre d'exemple, par exemple
47.	it's likely that, liable that	c'est probable que
48.	round about, approximately, just about	environ
49.	owing to , due to	à cause de
50.	prior to	avant de
51.	in the same way, similarly, likewise	de même
52.	altogether, completely, through and through	tout à fait, cent pour cent, à fond, complète-ment
53.	no wonder	ce n'est pas étonnant
54.	first and foremost	d'abord et avant tout

ADVERBES ET LOCUTIONS

55.	presumably	en principe, probablement
56.	once and for all	une fois pour toutes
57.	of long standing	de longue date
58.	somehow	d'une manière ou d'une autre
59.	all the more	d'autant plus
60.	as we go along	au fur at à mesure
61.	as for, as far as . . . goes	quant à, en ce qui concerne
62.	in the midst of	en train de, au milieu de
63.	above all	surtout
64.	on the verge of, about to	sur le point de
65.	we might as well go	autant (aller maintenant), nous pouvons aussi bien . . .
66.	if so	dans ce cas là
67.	an hour or so	environ une heure
68.	ages ago	il y a belle lurette
69.	by far	de loin
70.	unless	à moins que
71.	by the day, month, etc.	à la journée, au mois, etc.
72.	on top of that, to boot	ce n'est pas tout, par dessus le marché, le comble
73.	in due time	en temps voulu
74.	in a row	à la file
75.	as a rule, generally	d'une façon générale, en règle générale
76.	the next to the last (day, etc.)	l'avant-dernier (jour)
77.	endless	sans fin
78.	(ten things) at once	(dix choses) à la fois
79.	in the long run	à la longue
80.	few and far between	inhabituel, rares et espacés
81.	just in case	au cas où, à tout hasard
82.	pre/post (war, etc.)	avant/après (guerre)
83.	the point is . . .	le problème est que, le fait est . . .

ADVERS AND PHRASES
ADVERBS AND PHRASES

84.	in no time at all	en un rien de temps
85.	all things considered, all in all	tout compte fait, tout bien pasé, réfléchi
86. a.	ex	ex
b.	late (husband, etc.)	feu (mari)
87.	needless to say	inutile de dire
88.	without fail	sans faute
89.	what else?	quoi d'autre?
90.	over three years, more than	plus de trois ans
91.	since, given that	étant donné que
92.	bearing in mind	compte tenu de
93.	to such an extent that	à un tel point que
94.	as long as, in so far as	dans la mesure où
95.	so as to (not to)	pour, de manière à
96.	on the assumption that, assuming that	dans l'hypothèse où
97.	all things being equal, taking all into consideration	si tout va bien, tout bien considéré
98.	with this in mind	dans cette perspective
99.	that's what I was getting at	c'est là où je voulais en venir
100.	while we're about it	pendant que nous y sommes
101.	notwithstanding	nonobstant
102.	even so	il n'empêche que
103. a.	however (rich) he may be	si (riche) qu'il soit
b.	however (hard) I work	j'ai beau (travailler)
104.	if only	ne serait-ce que
105.	throughout the year	pendant toute l'année
106.	at random	au hasard
107.	in vain, it's useless	en vain, c'est inutile
108.	let alone	sans parler de, sans compter
109.	whereas	tandis que
110.	ever so little	tant soit peu

ADVERBES ET LOCUTIONS

111.	herewith	ci-joint
112.	far from it	tant s'en faut, loin de là
113.	for many a year	pour pas mal d'années
114.	if worst comes to worst	au pire
115.	but for . . .	sans (votre aide, etc.)
116.	on the spot	sur le champ, excepté sur place, sur le tas
117.	/sideways/inside out/upside down	/sur le côté/à l'envers/sens dessus dessous, de travers
118. a.	no matter what, whatever	n'importe quoi, quelque . . .
b.	no matter which, whichever	n'importe lequel, celui . . .
c.	no matter when, whenever	n'importe quand . . .
119.	mainly	principalement
120.	so many dollars	X dollars
121.	after a fashion	tant bien que mal
122.	for a while	pendant un moment
123.	beforehand	au préalable, d'avance
124.	indeed	en effet
125.	the sooner, the better	le plus tôt sera le mieux
126.	at the utmost	tout au plus
127.	so far, up to now	jusqu'ici
128.	on the other hand	par contre
129.	among	parmi
130.	otherwise	sinon
131.	instead of	au lieu de
132. a.	the day before yesterday	avant-hier
b.	the day after tomorrow	après-demain
133.	in the meantime, in the meanwhile	en attendant
134.	so that	pour que
135.	suddenly, all of a sudden	soudain, tout d'un coup
136.	at any moment	d'une minute à l'autre

ADVERBS AND PHRASES

137.	needless to say	inutile de dire
138.	all the more reason	à plus forte raison
139.	as far as I know	autant que je sache
140.	to all intents and purposes	en tout état de cause/à toutes fins utiles
141.	happily, luckily by chance	heureusement
142.	short/long term	à court terme/long
143.	in relation to	à propos
144.	when all's said and done	au bout/en fin de compte

WORDS AND EXPRESSIONS 'NOT TO SAY'

Why this list?

a) to understand, and therefore be in a position to avoid, words having a double meaning which might shock.

b) to understand certain writers, such as Céline and Genet, whose vocabulary is particularly colourful, and also modern films and records.

c) to have an uncensored vocabulary — if you want one.

1.	bitch	salope, ordure
2.	to neck, smooch, pet	bécoter, peloter, caresser
3.	to be on the make, pick s.o. up	draguer, courir la gueuse
4.	/to be stacked, well padded, a good-looking tomato/she's built like a battleship	/elle est bien roulée, bien balancée, galbée, c'est un beau châssis, bien foutue/elle a de quoi s'asseoir, a de l'intelligence et de la conversation
5.	to raise hell	faire la foire, la nouba, la java
6.	all hell is going to break loose, when the shit hits the fan	ça va barder, saigner, il y aura du sport, ça va chier des boules, péter des flammes
7.	he's a schmuck, an ass, a jackass	il est con, vieux schnock, tête de cochon, de lard, jean-foutre, bourrique, conasse, con comme un balai/la lune
8. a.	tits	les nichons, tétons
b.	boobs, boobies	nénés, roberts, boite à lolo, doudounnes
c.	falsies	faux nénés
9.	/to bitch/stop bitching!	/rouscailler, faire la gueule/, râler/arrête de gueuler
10.	to come	jouir, prendre son pied
11.	hooker, whore, slut	pute, grue, poufiasse, une dame toute prête, catin, fille de joie, être en carte
12.	/to be as flat as a board, as a pancake ≠ big-busted	/être plate comme une planche à pain/à repasser/comme une limande/une galette ≠ avoir du monde au balcon
13.	go to hell, get the hell out, fuck off, screw you!	va te faire voir, va aux diable, aux pelotes, fous le camp, va te faire cuire un œuf, te faire voir chez lez Grecs!
14.	lousy, crappy, shitty	dégueulasse, cradingue, merdique
15.	a pimp	un maquereau
16.	shit!, crap!	merde!
17.	to shit	couler un bronze, poser sa pêche
18.	a g-string	un cache-sexe
19.	rubber, Durex	une capote (anglaise)

20.	to be hard-up, horny, sex-starved	avoir un retard d'affection, ça lui monte à la gorge, avoir la trique
21.	a bastard, louse, shithead, son of a bitch, mother-fucking bastard, bugger	un salaud, saligaud, salopard, enfant de putain, crapule, enfant de garce, enculé, fils de pute, une peau de vache, famier, ordure
22. a.	ass, arse	le cul, le derche
b.	can	le derrière, fesses (backside = le popotin)
c.	to swing one's ass	se trémousser du popotin, remuer le popotin
23.	bare-assed	à poil
24.	/a little snot/pick	/un petit morveux
25.	a hell-raiser	noceur, bambocheur, bringueur
26.	they have him by the balls	couillonner (il s'est fait . . .)
27.	to have a bull session, throw the bull around	jacter, tailler une bavette, bavasser
28.	for Chrissakes!	nom de Dieu!
29.	he's a good lay (she . . .)	il fait bien l'amour, il baise bien (une sacrée baiseuse)
30.	to get an eyeful	se rincer l'œil
31.	to be full of hot air, bullshit	faire du vent, de la frime, déconner, débloquer
32.	to brown nose s.o., lick s.o.'s boots	lécher le cul, les bottes, c'est un lèche-cul, lèche-bottes
33.	to give s.o. the clap	flanquer la chaude -pisse, la chtouille
34.	to take a leak, a piss	pisser, renverser la vapeur
35.	they made him eat it, sweat it	ils lui en ont fait baver, suer, fait voir
36.	to be ac-dc, be ambidextrous	être polyvalent, marcher à voile et à vapeur
37.	/fuck off!/screw you!/go fuck yourself!/he can shove it	/va te faire foutre!/, va te faire voir, écrase!, tu m'emmerdes!/il peut se brosser, qu'il aille se faire foutre
38.	a lay, screw, roll in the hay	une partie de jambes en l'air, une coucherie
39.	to kick up a stink	en faire tout un plat
40.	to be an easy lay, put out for anyone, to shack up with anyone, a push-over, nympho	être une femme facile, une Marie-couche-toi-là, avoir la cuisse légère, elle se couche quand on lui dit de s'asseoir, avoir le feu aux fesses, une Marie-salope

41.	if my aunt had balls, she'd be my uncle	si ma tante en avait elle s'appellerait mon oncle
42.	to be knocked up/have a bun in the oven/in the club	avoir un polichinelle dans le tiroir, être en cloque, avoir le ballon
43.	she's hot stuff, a sexpot	elle est bandante, bandeuse, allumeuse = tease
44.	a b-girl, a floozy	une entraineuse, gagneuse
45.	to have the curse, period	avoir ses règles, les anglais, les ourses (ses doches, tante rose)
46.	you look like hell	tu as une sale gueule
47.	to be as boring as hell	emmerdant, canulant, ça m'emmerde
48.	/an old bitch/goat, pompous ass, old buzzard	/une vieille bique, guenon, charogne/il est bêcheur, un vieux birbe, ronchon
49.	to be scared shitless	avoir la queue entre les jambes, les avoir à zéro la frousse, les jetons; les chocottes, serrer les fesses, les grelots, avoir les foies, fouetter, mouiller
50.	to fart, pass wind	péter
51.	balls, nuts	les couilles, joyeuses, génitoires, roustons
52.	his kisser, mug, smacker	sa gueule, sa tire-lire, trombine, bobine, pomme, binette
53.	I'm up shit's creek	je suis dans la merde, emmerdé
54.	asshole	trou de balle
55.	wolf, fast guy	un coureur, dragueur, cavaleur, chaud-lapin
56.	he made her, had her, scored with her	elle est passée à la casserole, il l'a eue, elle s'est fait sauter, il se l'est faite, il se l'est envoyée, il l'a tringlée, défoncée, se l'est enfilée
57.	snot	pif, blaire, tarin, naze
58.	hickie	suçon
59.	to have a hard on	bander
60.	cock, tool, prick	l'instrument, le membre, la verge, bite, le dard, la queue, quéquette, la pine
61.	to make it, to go all the way, shack up	coucher ensemble, faire l'amour, se faire tamponner, s'envoyer en l'air, être à la colle, en main

'ON NE DIT PAS'

62.	I don't give a damn, a shit, a fuck	je m'en tamponne le coquillard, je m'en fous, m'en branle, m'en bats l'œil, la queue, je n'en ai rien à foutre
63.	shut the hell up, fuck off, shove it, up yours	écrase, la ferme, rideau, boucle-la, ta gueule, va paître ailleurs (tu me pètes le jonc)
64.	a lousy trick	un tour de cochon, une sale blague, un coup de salaud, un sale tour, une vacherie
65.	to lay, bang	tirer un coup, baiser, niquer
66.	she got laid	elle s'est fait tamponner, sauter, trousser
67.	/dyke, lesbian/fag, faggot	/gouine, gousse, elle a des mœurs spéciales /tapette, tante, pédale
68.	a hell of a nice guy, a fucking nice guy	un brave mec, un chic type, un type vachement bien
69.	he balled it up, screwed it up, fucked it up	il s'est mélangé les crayons (pédales), il s'est gourr il s'est foutu dedans, il a mis le bordel, la merde
70.	dead-drunk, loaded, blind, soused	ivre-mort, rond comme un petit pois, bourré beurré, saoul comme un polonais, comme une bourrique
71.	to goose s.o.	mettre la main au panier
72.	/to go down on s.o., blow s.o. /to suck	/faire un pompier, tailler une pipe/sucer qn.
73.	whorehouse, cathouse	maison close, bordel, bobinard, boxon (lupanar)
74.	to be caught with one's pants down	se trouver gros-jean comme devant, être pris le nez dans le bec, drôlement emmerdé, avoir la queue basse
75.	to pick s.o. up, score	faire une touche, une barre
76.	he has a screw loose	il en tient une couche, il est siphonné, ravagé
77.	she's knocked around	elle a roulé sa bosse
78.	a pig (cop)	un condé, un poulet
79.	I'll be damned if . . .	le diable m'emporte si . . .
80.	damned well done	bien fichu, foutu
81.	you're a pain in the ass	tu me fais suer, me fais chier, tu es emmerdant (tu me cours sur le haricot)
82.	he's shooting his mouth off	il déconne, débloque à pleins tuyaux

83.	they kicked his face in	ils lui ont cassé la gueule
84.	to have wet dreams	faire une carte de France, mouiller ses draps
85.	it stinks	ça pue
86.	to stuff one's face	bâfrer, s'en mettre plein le lampe, s'empiffrer
87.	to drag one's ass	traîner ses couilles, sa carcasse
88. a.	yid	youpin
b.	chink	chinetoque
c.	wop	rital, macaroni
d.	wasp	parpaillot
e.	kraut	schleu, boche
f.	nigger	nègre, bamboule
g.	jap	japonais
h.	whitey	homme blanc
i.	arab	bicot, bougnoul
89.	cunt, a piece	le con, la conasse, la chatte
90.	to masturbate	branler, astiquer la motte, polir le chinois
91.	a good lay	une sacrée baiseuse
92.	a French kiss, soul kiss	rouler une pelle, rouler un patin
93.	to be hot, all hot and bothered	être en chaleur, avoir le feu aux fesses, être troublé, se sentir tout chose
94.	the head	les gogs
95.	to screw, to fuck	baiser
96.	to croak	crever, clamser, claquer
97.	to jerk off	se décharger
98.	that's a lot of shit	ce sont des conneries
99.	lucky bastard	sacré veinard, il a du cul